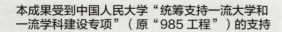

本成果受到中国人民大学"统筹支持一流大学和
一流学科建设专项"（原"985工程"）的支持

日本政治文化与选举制度
——以政治家后援会为中心的研究

中国政治发展与比较政治

日本の政治文化と選挙制度
——政治家の後援会を中心とする考察

朱晓琦 著

社会科学文献出版社
SOCIAL SCIENCES ACADEMIC PRESS (CHINA)

总　序

　　中国政治学和比较政治发展理论是双向互动的关系。一方面，比较政治发展理论为中国政治的研究提供了概念、理论、分析框架和研究方法。改革开放以后，中国政治学的重建，一直依靠从西方的"取经"。在政治学的理论和概念上，当下中国政治学讨论的热门话题往往也是由比较政治学引入的（如"中产阶级""社会资本""公民社会"等）。现有对中国政治的实证研究，大部分依靠从比较政治发展理论推导出来的假设，在中国政治丰富的材料中，通过实证的角度进行证实或者证伪。因此，比较政治发展理论为中国政治的研究提供了多方面的养料。另一方面，由中国政治推导出来的经验、理论和方法，也促进了比较政治发展理论的创新和完善。现有的比较政治发展理论，主要基于西方社会的研究，其中往往隐含了一些未经言明的基本预设。这些基本的预设符合西方社会的实际，但是又不可避免地具有偏见和盲点。而基于中国政治研究的成果，可以有效对这些偏见和盲点进行反省，展开进一步的讨论，从而提炼升华出新概念、新理论和新的研究方法。

　　在今天这样一个全球化时代，中国政治发展如何处理好国际经验与本土经验的关系，如何在与其他国家和地区的政治发展比较中发现自身的优势和不足，如何从自身发展困顿中突围，在改革中加快行进的步伐，成为我国政治学界面临的新课题。一个与世界联系越来越紧密却又充满许多机遇和挑战的中国，比历史上任何时候都更加迫切地需要对其他国家政治发展有深入的体察，需要从全球比较政治的视野来观照自己的政治发展。

　　中国人民大学国际关系学院体察到这一情势，筹划、组织了"中国政治发展与比较政治"这套丛书，内容涉及政治学理论、比较政治制度、中国政治等学科领域，丛书作者大都是我院政治学系的中青年学术骨干，这套丛书是他们在自己相关学科领域的最新研究成果。其中相当大一部分是在他们博士学位论文的基础上修改、加工而成。经过我院学术委员会的推选，将陆续列入出版计划。学无止境，我们期望这套丛书的出版，能够增进政治学界的学术交流，为不断促进政治学的繁荣和中国政治发展作出有益的贡献。

中国人民大学在国内最早开展政治学的研究与人才培养，迄今一直保持为该领域国内最具优势地位的大学之一。经过几代中国人民大学政治学人的努力，中国人民大学政治学科形成了自己的鲜明特色。一是注重基础理论研究。政治学是一个理论性很强的学科，注重基础理论的研究，是中国政治学发展的基石。当下中国政治学研究中的基础理论研究薄弱，理论创新不足，没有形成自己的科学的政治学体系，对重大的现实问题没有提出有说服力的理论阐释。中国政治学必须下大功夫加强基础理论研究，创建自己的政治学体系。基于以上认知，中国人民大学政治学系围绕着政治学基础理论中的重大命题，如国家理论、民主理论、主权理论等进行了深入的研究和探索，取得了可喜的研究成果。二是注重现实问题研究。政治学本质上是治国安邦、经世致用之学，关注现实问题的研究是中国政治学的生命力之所在。政治学者应具有强烈的"问题意识"，紧紧抓住中国政治和社会生活中的现实问题，根据现实社会提出的要求，确定研究任务，为现实政治服务。中国人民大学历来就有理论联系实际的传统，政治学也不例外。在政治学研究中非常注重对当代中国政治发展中的现实问题进行深入研究，为党和国家提供决策咨询服务。

丛书的策划和出版得到社会科学文献出版社领导的大力支持。对此，我们表示衷心的感谢。本成果受到中国人民大学"统筹支持一流大学和一流学科建设专项"（原"985 工程"）的支持，对此我们也深表谢意。

由于政治学在我国的发展时间不长，学科体系尚不成熟，许多基本概念和范畴也未能达成共识，作者的观点难免有偏颇之处，敬请专家、同行和广大读者批评指正。

"中国政治发展与比较政治"丛书编委会

2015 年 5 月

目　录

Contents

图目录

表目录

序 言

　　日本是我们中国的近邻，常常被人们以"一衣带水"来形容，而且在人种、文化等方面，两国也具有共同性或者至少具有相近性，不过同时不能否认的是，中日两国在某些历史记忆、政治制度及价值观、国民性格等方面却相差甚远，甚至存在一定程度的对抗心理。然而，不论中日两国之间有什么共同性或相异性，彼此的关系却总是处于相对密切的状态，相互对对方的影响也总是巨大的，因此尽管恩恩怨怨不断，但是对对方国家的了解和研究似乎一直是双方研究者和民众关心的话题。

　　从 1972 年中日邦交正常化至今已经过去了 45 年，在此期间，中国研究者对日本的研究在数量和质量上应该说都取得了巨大成就，但是同时不能否认的是，对日研究的宏观性成果比较多，对日本社会的微观性研究成果则比较少，而且在对日研究方面比较感情化和概念化，即常常有些先入为主的研究，尤其最近几年中日政治安全关系相对恶化，对日研究就更难避免一些感情化和概念化的研究。在这种氛围的影响之下，我们对日本的了解和研究就很难做到真实可靠，因此如何能够尽量去除掉感情化和概念化的影响，又能够以某一具体政治或社会现象为对象做一些相对微观性的研究，对我们了解一个真实的日本，无疑会起到积极的作用。朱晓琦所著《日本政治文化与选举制度——以政治家后援会为中心的研究》一书的出版，应该说就是这方面对日研究的一项成果。

　　每个国家都会有一定的政治制度及其某些相对独特的政治行为或习惯，政治文化就是构成一个国家政治制度及其政治行为或习惯背后的潜在文化因素或文化解释。当然，一个国家的政治文化并非一成不变，也并非总是对政治制度及其政治行为或习惯具有决定性作用，后者反过来也会影响前者，或者说二者之间其实相互影响。日本政治应该是日本研究者的一个重要研究领域，日本的政治制度及其某些特有的政治行为或政治现象都应该成为日本研究者的研究对象，以及对这一制度和这些行为现象做出文化意义上的合理解释，无疑对于深入了解日本政治具有积极意义。

战后的日本经过美国的改造基本确立了近代欧美模式的民主制度，但是日本作为一个东方国家在历史上长期自然形成的某些文化习惯对其政治的影响依然存在，因此日本政治中仍然存在着一些体现日本传统文化习惯的政治行为或政治现象。正如本书作者所引述的两位日本著名学者大江健三郎和中根千枝对日本现代化与传统文化之间关系的描述："日本现代化的方向是学习和模仿西方，但我们的国家位于亚洲，拥有根深蒂固的本土文化。""我个人毫不否认日本社会演进的事实，但我深信，寻觅掩藏在各种演进事实下面的冥顽因素，同样是至关重要的……这些顽固的因素恰恰存在于那些非正式的体制中……这种非正式的体制才是日本人社会生活的原动力，它是在纯纯粹粹的日本文化中哺育出来的道地的日本因素。"比如日本的政治家后援会现象应该说就是日本传统文化习惯在政治上的一个体现。也就是说，尽管战后的日本政治制度已经属于欧美式的民主体制，但是在其实际运作的过程中还是体现出了某些不同于欧美民主制度的现象。本书作者就试图对日本政治家后援会这一作为日本政治制度主要内容的选举制度中的独特政治现象给出文化意义上的解释。

日本的所谓政治家后援会，是政治家们在竞选议员时在自己的选区内所组织的竞选援助团体，这一团体一般以家族为基础，以血缘、地缘或其他各种社会关系的人脉为媒介组织起大批人员，既在竞选期间帮助候选人对选民进行政策宣传和感情拉近等各种活动，也为候选人的选举活动筹集所需资金，当然最终目的是要为候选人争取到更多的选票。在美国等同样具有定期选举制度的国家进行选举时，当然也存在类似于日本政治家后援会这样的竞选团队及其志愿者，但是这类团队却并非像日本的政治家后援会那样一般都是以家族为核心以及以血缘和地缘等其他社会关系的人脉关系为媒介而形成。

现代民主政治的一个主要特点就是具有自主选择意识的选民对按照规定条件被确立的候选人进行选择，而这一选择一般是根据对某一政治理念或候选人的政策承诺来做出，但日本的政治家后援会成员却不是以政治理念和政策为选择标准，而是完全以同候选人的亲疏关系来作为选择标准的，即对某一个候选人的绝对信任与选择。这一特点，无疑有悖于民主制度的本来目的而带有一定程度的封建色彩，但是这一政治现象却能够在一个已经非常现代化的日本大行其道，肯定有其存在的理由。本书作者认为，这一现象是日本传统文化与日本现代政治经济制度相互碰撞的结果，即战后初期至 20 世纪 90 年代的选举制度和国家财政制度导致了这一政治现象的出现，但是之所以能够在 20 世纪 90 年代选举制度和财政制度改革之后这一现象仍然能够继续存在并得以发挥作用，更为深厚的原因则应该要从日本的政治文化中去寻找，即日本的集团主义文化传统是这一政治现象能够长期存在的主要原因。

确实，集团主义一般被认为是日本文化的核心内容，即日本传统文化习惯更强调集团而非个人，每个个体只有从属于某一集团并在其中发挥作用才会得到自己应有的地位并受到尊崇。究其原因，日本文化的集团主义特性应该与日本作为一个岛国长期相对独立封闭以及长期作为一个农耕社会且多有火山爆发、地震、海啸等自然灾害有关，因为在一个地理环境狭小和民族单一且长期没有外来文化冲击的农耕社会，还要不断面对频发的各种自然灾害，人们只有结成一定规模的集团共同协作才能够完成生产活动和战胜自然灾害。而且，在一个以集团为主共同协作的社会里，自然就会形成一种具有不同等级但需要上下相互协调的社会秩序，因此日本人之间虽然一般被认为缺乏平等观念，但同时一个集团内部又比较和谐，上对下呵护与下对上忠诚共同构成了集团的长期稳定。

当然，在今天的日本社会，那些带有封建色彩残余的传统文化因素也已经被现代化了，作为日本传统政治文化产物的政治家后援会其中的成员虽然仍然是在围绕某一个人的选举事务服务的，但这些成员与候选人之间并非依附关系，而是在法律与人格上完全平等的，作为被后援会所服务和支持的候选人也必须重视自己后援会中每一个个人的利益，以及通过后援会成员的宣传让自己选区的每一个选民都相信候选人如果当选就能够给自己带来利益。至于政治家后援会这一政治现象是否会在未来的日本政治中继续发挥作用，可能仍然取决于日本传统政治文化能在多大程度上满足政治现代化的需要，使得现代政治制度与传统政治文化很好地结合在一起。

总之，本书作者通过对日本选举制度中独特的政治家后援会现象的描述和分析，为我们展现了一幅日本政治和日本文化的图画，尤其作者有着在日本长期学习和生活的经历，更为可贵的是，为了撰写本书获取第一手资料，作者曾深入实地考察调研，因此其研究成果就更具有可信度，同时也希望这一研究成果能够成为我国日本研究满园春色中的一朵艳丽的小花。

是为序。

梁云祥

2017 年初冬于北京燕园

第一章　导论

一　问题的提出和意义

政治家后援会是日本选举政治的一个重要特征。自从 1889 年日本颁布第一部选举法、实行选举政治，到如今已有 129 年。早在大正民主（1912～1926 年）时期，政治家的后援会已经出现，并经历了蓬勃发展。战后，日本在"盟军总部"的主导下进行了"非军事化"和"民主化"改革，确立了资产阶级议会民主制，重新颁布了选举法，规定众议院、参议院的议员均由选举产生，政治家后援会再度出现。在战后历次大选中，组织和动员选民进行投票的不仅有各个政党组织，还有政治家后援会活跃的身影。如今，常态化、稳定性强的政治家后援会的大量存在，已经成为日本选举政治的一大特色。

政治家后援会，一般是议员和议员候选人为展开竞选、直接网罗支持者，建立的以政治家个人为中心，以家族为基础，以血缘、地缘的人脉为媒介的培养、维持、扩大票源的组织。[1]

后援会成员之所以支持该政治家、加入后援会，往往不是因为他所属的政党，也不是因为他的政治见解，而是出于对其个人的人品、能力的信任。在选举中，后援会成员不仅将自己的选票投给该政治家，还积极动用自己的人脉关系，说服亲朋好友投票给该政治家。后援会将政治家与其支持者紧密地联系在一起。在政治家改变所属政党甚至是触犯法律的情况下，其后援会成员往往仍旧坚定不移地相信他（她）、支持他（她）、投票给他（她）。那么，在实行自由选举的日本，为什么以政治家个人为中心的后援

---

[1]　福岡政行『日本の選挙』、早稲田大学出版部、2001 年、132 頁。

会组织长期存在并深刻地影响着选民的投票倾向呢？这将是本书要研究的主要问题。

　　研究日本选举政治中独特的政治家后援会现象，有着重要的学术意义。首先，探讨日本不同政党的政治家后援会的运作情况，并进行比较分析，对我们深入研究日本政党政治的发展状况具有重要的价值。其次，对有投票权的众多选民结成的政治家后援会的分析，对于深入研究选举政治中选民的投票动机具有重要的意义。最后，同样是实施选举制度，在西方形成的多是以政党、政策为取向的选举，在日本却出现了基于对政治家个人的人品、能力的信任而形成的候选人取向的选举，对这一具有鲜明特色的政治现象的分析，对于研究作为东方国度的日本对西方政治制度的吸收与本土化具有积极意义。

　　与此同时，研究日本选举政治中独特的政治家后援会现象，也有着重要的现实意义。长期以来，在日本的选举政治中，政治家后援会对巩固选民以候选人为中心的投票取向起到了重要作用。政治家后援会一直作为联系候选人与选民的媒介而存在，强化了选民投票行动中的候选人取向。首先，对于日本政治家后援会的分析，有助于我们更加深刻地认识和理解日本政治制度，从而增进中日两国之间的了解，促进中日两国关系的发展。其次，对日本政治家后援会的分析，既包括了对不同政党的政治家后援会的比较，又包含了对后援会利弊的探讨，有利于我们更好地吸收和借鉴其他国家政党发展的经验教训。

二　文献回顾[①]

（一）日本学者的研究

　　日本学者自 20 世纪 60 年代起就开始研究政治家的后援会现象。其中早期的研究多集中在对后援会形成的原因及运作机制的总括性研究。例如松下圭一在《战后民主主义的展望》一书中对自民党的后援会进行了介绍，指出"自民党中典型的后援会是日本型'现代'政党组织。它是随着选举

---

① 目前国内外学术界对日本政治文化与选举制度的研究成果比较丰富，本书以日本政治家后援会为中心进行研究，因此本部分主要对日本政治家后援会相关研究成果进行梳理。

权扩大、地方实力者名望下降才开始出现的战后组织，并代替了党的正式组织。它绝不是封建组织，而是在封建性组织崩溃过程中产生的一种必然结果"。① 为了掌握日本政治家后援会的总体情况，1976年众议院选举前后，绵贯让治、三宅一郎、蒲岛郁夫等学者为研究"日本人的政治意识与行动"，专门进行了问卷调查，并将"你是否为政治家后援会成员?"、"候选人是否对你本人或家人的就职、入学等活动给予帮助?"② 等与政治家后援会相关的问题列入了调查范围。

20世纪80年代中后期至90年代，日本学者对政治家后援会的探讨进入鼎盛期，既有对政治家后援会的基本性质的深入探讨，也有对具体案例的集中分析，还有一些研究开始注意到不同政党政治家后援会的差异。首先，关于日本政治家后援会的基本性质，日本学者进行了研究。蒲岛郁夫认为，它是"日本政治体制中的特殊组织"。③ 升味准之辅指出，后援会的活动，在战前就已经存在。它是以候选人为中心的支持者的团体。但有组织的、稳定的后援会活动广受关注，是从1958年选举中自民党候选人的后援会开始的。④ 三宅一郎认为，后援会的基本原理是候选人同选民个人的人际关系。候选人和他的家族、朋友、邻居、同事之间的关系是自发的、互相帮助的整体关系。这个网络是一种以候选人为中心，以当选为目标的恩惠式交换关系网。⑤ 上述研究一针见血地揭示了政治家后援会的基本性质及其基本关系模式。

其次，日本学者对政治家后援会也开展了一些案例分析。在这方面比较有代表性的是北野雄士《地方议员的集票行动——地区推荐与后援会》、五十岚晓郎的《议员后援会精神方面的组织结构——以越山会为例》和山田真裕的博士学位论文《自民党议员的集票体系：桥本登美三郎后援会、

---

① 松下圭一『戦後民主主義の展望』、日本評論社、1965年、231頁。
② 綿貫讓治、三宅一郎、蒲島郁夫『日本人の政治意識と行動（JABISS調査）——1976年衆議院総選挙のパネル調査コードブック』、1990年、187頁。
③ 〔日〕蒲岛郁夫:《政治参与》，解莉莉译，经济日报出版社，1989，第72页。
④ 升味準之輔『現代政治——一九五五年以後』（下）、東京大学出版会、1985年、385頁。
⑤ 〔日〕三宅一郎:《投票行动：微观政治学》，冯建新译，经济日报出版社，1991，第29~40页。

额贺福志郎后援会的事例研究》。北野雄士的文章主要以京都府、岛根县为例，分析了地方议员的后援会和地区组织之间的关系。① 五十岚晓郎的文章以田中角荣的后援会"越山会"为中心，通过对越山会的分析，探讨了在众议院议员中选区制度下政治家后援会形成的原因。同时他还指出，正是因为政治家要为后援会活动提供大量的资金支持，金权政治逐渐产生。②

最后，这一时期，日本学者开始注意到不同政党的政治家后援会之间的差异。北野雄士在其研究中指出了公明党、日本共产党的议员与自民党、社会党等其他党派的议员在拥有个人后援会的情况方面存在差异；③ 形野清贵认为，与自民党不同，对于日本共产党来说，后援会不是议员或者议员候选人的个人组织，而是党的支持组织。④ 蒲岛郁夫和山田真裕也认为，公明党与日本共产党以党的后援会形式积极开展活动，争取更多的支持者。⑤ 三宅一郎则认为，在日本的制度中，投票时候选人是最重要的，其次（或同时）是政党。重视"候选人个人"的投票行动说明政党的地方组织薄弱；⑥ 后援会是自民党、民社党政治家的个人集票组织，是公明党、共产党的第二党组织。⑦

此外，也有一些研究初步涉及了日本政治家后援会形成的原因及其影响。很多日本学者认为战后日本实行的众议院议员中选区制是政治家后援会形成的最直接因素。一方面，后援会对政治家的稳定支持保障了政治家的当选；另一方面，由于后援会组织费用大部分由政治家本人负担，助长

---

① 北野雄士『地方議員の集票行動——地区推薦と後援会』、『ソシオロジ』第 30 号、1985年、57 – 76 頁。
② 五十嵐暁郎『代議士後援会の精神的組織的構造——モデルとしての越山会』、『思想』第 779 号、1989 年、79 – 99 頁。
③ 北野雄士『地方議員の集票行動——地区推薦と後援会』、『ソシオロジ』第 30 号、1985年、57 – 76 頁。
④ 形野清貴『選挙と政党』、福井英雄［ほか］『日本政治の視角』、法律文化社、1988 年、83 頁。
⑤ 蒲島郁夫、山田真裕『後援会と日本の政治』、日本政治学会『年報政治学 1994：ナショナリズムの現在・戦後日本の政治』、岩波書店、1994 年。
⑥ 〔日〕三宅一郎：《投票行动：微观政治学》，冯建新译，经济日报出版社，1991，第 29 ~ 40 页。
⑦ 三宅一郎『政治参加と投票行動：大都市住民の政治生活』、ミネルヴァ書房、1990 年、24 – 25 頁。

了政治腐败，最终导致了自民党长期执政的终结。①

　　21 世纪以来，日本学界对于后援会的研究锐减，数量有限的几篇文章也都是对某一地区、某一后援会的专项研究，例如：阿部康久、高木彰彦的《选举制度变革后国会议员的应对与政治组织的空间变化——以长崎县为例》和佐藤慎吾的《后援会的空间组织与选举战略——以众议院富山县第三区为例》。这两篇文章都是从选举地理学的角度，以某一地区为例分析地方议员后援会的空间分布和选举得票率的关系。其中，《选举制度变革后国会议员的应对与政治组织的空间变化——以长崎县为例》一文通过分析日本选举制度改革前后后援会组织的变化，得出了"政治家后援会的组织结构并没有随着日本选举制度的改革而发生变化"的结论。②

（二）中国学者的研究

　　日本的选举政治在中国学界长期以来都备受关注，中国国内对于日本选举政治的研究虽多，但是对于政治家后援会的研究却比较有限。国内的相关研究最早可以追溯到 1987 年中国学者鲁义在学术期刊《现代日本经济》上发表的一篇文章。这篇题为《日本政治家的后援会及其特点》的文章，对日本政治家的后援会进行了简要的介绍。

　　此后，尽管国内一直没有出现研究日本政治家后援会的专著，但很多学者在对日本政治的研究中逐渐注意到了政治家后援会这一现象，开始探讨其概念、形成原因、功能与影响以及前景等。

　　首先，关于政治家后援会的概念，王振锁教授在其专著《自民党的兴衰——日本"金权政治"研究》中指出，后援会是自民党议员和议员候选人为开展竞选活动而直接网罗支持者的团体。③ 徐万胜教授认为，后援会是政治家个人为了筹集从事政治活动所必需的资金和选票而组织的支持团体。④

---

① 蒲島郁夫、山田真裕『後援会と日本の政治』、日本政治学会『年報政治学 1994：ナショナリズムの現在・戦後日本の政治』、岩波書店、1994 年、211 - 231 頁。
② 阿部康久、高木彰彦『選挙制度の変更伴うに国会議員の対応と政治組織の空間的変化——長崎県を事例にして』、『地理学評論』78 - 4、2005 年、228 - 241 頁。
③ 王振锁：《自民党的兴衰——日本"金权政治"研究》，人民出版社，1996，第 37 页。
④ 徐万胜：《日本自民党"一党优位制"研究》，人民出版社，2004，第 143 页。

其次，关于政治家后援会形成的原因，一种观点认为，政治家后援会是在战后日本旧有的社会秩序瓦解的基础上产生的。由于"经济的高速增长，旧有的人际关系和社会秩序受到冲击，不可能再利用传统秩序来间接地控制选民，必须寻求直接组织选民的新方式"，① 自民党成员的个人后援会由此产生。也有学者进一步指出，战后初期选举权的扩大、农村传统的社会秩序遭到破坏，使得国会议员和候选人一方面无法得到传统"名门望族"的支持，另一方面又无法完全依赖新兴的"官职名门望族"的势力，只能寻求新的集票手段和动员方式。② 还有一种观点认为，战后日本实施的选举制度导致了后援会的产生。在中选区制下，竞选者除了需要来自政党组织的正式支持，更多地必须依靠自己的个人后援会，③ 因此，从根本上说，后援会是日本中选区制的产物。④

第三，从后援会的性质与功能来看，有学者指出，根据日本《政治资金规正法》的规定，"以支持政治家为目的的组织即视为政治团体"，后援会属于政治团体的范畴。但由于政治团体建立后需依法向政府提交书面报告和年度财务报告，很多政治家后援会以"文化团体"的名义出现，到选举时摇身一变，成为政治家的集票组织。⑤ 也有学者认为，后援会组织包括两种，一种是"资金后援会"，其功能主要是为有关议员候选人或有关派阀领袖筹集政治资金。这种后援会，并非每个自民党议员都有，只有少部分有影响的议员或派阀领袖才有；另一种后援会则是"选举后援会"。这种后援会基本每个自民党国会议员都有，其功能主要是为有关议员争取选票。⑥ 个人后援会体现了日本社会文化中"重视集团"的特征。⑦

第四，从后援会的地位与影响来看，一些学者将后援会视为自民党组织机构的重要组成部分，认为在自民党的组织结构"党（总部）——国会

---

① 王振锁：《自民党的兴衰——日本"金权政治"研究》，人民出版社，1996，第37页。
② 李海英：《日本国会选举》，世界知识出版社，2009，第182页。
③ 包霞琴、臧志军：《变革中的日本政治与外交》，时事出版社，2004，第40~54页。
④ 张伯玉：《日本选举制度与政党政治》，中国经济出版社，2013，第36页。
⑤ 王振锁：《自民党的兴衰——日本"金权政治"研究》，人民出版社，1996，第40页；李海英：《日本国会选举》，世界知识出版社，2009，第185页。
⑥ 林尚立：《日本政党政治》，人民出版社，2016，第289页。
⑦ 李海英：《日本国会选举》，世界知识出版社，2009，第188页。

议员——后援会"之中，"后援会"在党的组织中处于十分重要的地位。[①]
还有一些学者认为，自民党以候选人的个人后援会网络为依托形成了党外
组织。后援会取代党的基层组织成为选举的核心，是日本中选区制下政党
选举竞争的一大特点。在此基础上，一些学者指出了后援会的影响。一方
面，自民党通过后援会可以广泛吸收各阶层的民意和要求。[②] 由于政治家与
后援会成员之间建立了一种稳定的利益交换关系，后援会已经成为自民党
候选人竞选时的集票组织，对选举具有较强的影响力。[③] 它与自民党的"利
益诱导政策"、派阀等一起被列为自民党长期赢得选举战的三大"利器"。[④]
另一方面，这也造成党内利益调整困难、程序繁杂、过程漫长、制度僵化
等弊端。[⑤] 与此同时，大多数后援会成员的投票主要是出于对特定候选人的
利益寄托或情感认同，并非基于对其所属政党的支持，因此导致了政党基
层组织的发育不良。[⑥] 此外，后援会密切了政治家与选民的关系，使政治家
的政治资金丑闻并不影响其政治生命，也导致了"二世议员"增加。[⑦]

第五，对于日本政治家后援会的发展前景，有学者认为：随着日本社
会的发展，原先存在于政治家后援会组织内部、建立在利益基础上的忠诚
与团结取向动摇，在投票中出现了"分散化"和"流动化"的倾向，日本
政治结构的最基础单位后援会出现了解体趋势。[⑧]

（三）欧美学者的研究

日本政治中独特的政治家后援会现象也引起了不少欧美学者的注意。
其中最具代表性的就是 1971 年出版的美国哥伦比亚大学教授柯蒂斯（Cur-
tis，Gerald L.）的专著《竞选活动：日本模式》。在这本书中，作者通过实
地调查，不仅用丰富的案例详细描述了作为政治家集票组织的后援会在日
本战后的形成与发展，还以自民党政治家佐藤文生的后援会"风雪会"为

① 王振锁：《战后日本政党政治》，人民出版社，2004，第 306～319 页。
② 周杰：《日本选举制度改革探究》，社会科学文献出版社，2012，第 148～149 页。
③ 王新生：《现代日本政治》，经济日报出版社，1997。
④ 李海英：《日本国会选举》，世界知识出版社，2009，第 180～195 页。
⑤ 周杰：《日本选举制度改革探究》，社会科学文献出版社，2012，第 149 页。
⑥ 包霞琴、臧志军：《变革中的日本政治与外交》，时事出版社，2004，第 40～54 页。
⑦ 张伯玉：《日本选举制度与政党政治》，中国经济出版社，2013，第 39 页。
⑧ 张伯玉：《日本选举制度与政党政治》，中国经济出版社，2013，第 45 页。

例，阐述了 20 世纪 50～60 年代后援会的日常活动对候选人选举得票的重要影响。① 柯蒂斯的研究详细描述了当时后援会的运作情况，开创了用案例分析的方法研究日本政治家后援会的先河，为之后的许多日本本土学者所效仿。这本专著至今仍被日本选举政治的研究者奉为经典。

此后，美国学者斯多克温（J. A. A. Stockwin）也对日本政治家的后援会组织进行了研究，认为"后援会所做的更多是组织社会活动以及构建群体团结的工作"，"它的存在赋予日本选举以鲜明的地方特色"。②

英国学者艾伦·韦尔通过对日本政治的深入研究，得出了如下结论：与欧洲民主国家的政党党员的重要性相比，在日本，政党党员的重要性远不如前者。1993 年以前自民党党员人数少的一个主要原因是选举制度激发的党内竞争体制。自民党所有议员候选人都愿意建立他们自己的政治组织，而不是加强整个政党的组织建设，因为他们彼此要为争夺选票展开竞争。然而，1993 年后政党制度的变化以及选举制度改革，可能会使日本政党有更大的动力来强化积极分子这样一种基础。那些曾经在 1993～1994 年改革前支撑政党派别活动以及候选人自己的支持组织（后援会）存在的因素，在新选举制度出现之后某种程度上弱化了。与此同时，艾伦·韦尔也注意到战后日本的两大主要政党——自民党、社会党的基层组织长期薄弱的情况。以日本社会党为例，在社会党内，阻碍人们加入政党的强大力量来自社会党内占主导地位的工会。结果，到 20 世纪 80 年代中期，社会党约有党员 65000 名，政党"密度"约为 0.6%。这仅为 20 世纪 80 年代末英国工党党员密度的约 1/5，而且，那时候的英国工党的党员数量已经经历了急剧下降。③ 在艾伦·韦尔看来，战后日本长期实行的众议院议员中选区制导致了自民党、社会党等一些日本政党的组织薄弱；随着新选举制度的出现，日本政治家后援会将有可能逐渐衰落。

（四）现有研究的不足之处

从以上的文献回顾可以看出，目前学界对日本政治家后援会的研究还

---

① Curtis, Gerald L., *Election Campaigning Japanese Style*, New York：Columbia University Press, 1971.
② J. A. A. Stockwin, "Japan：The leader-Follower Relationship in Parties," in Alan Ware （ed.）, *Political Parties：Electoral Change and Structural Response*, Oxford：Basil Blackwell, 1987.
③ 〔英〕艾伦·韦尔：《政党与政党制度》，谢峰译，北京大学出版社，2011，第 75～76 页。

不够充分。

首先，从时间维度来看，目前关于日本政治家后援会的研究大都集中在 1945～1994 年，缺少对政治家后援会发展历史的系统性梳理——不仅缺少对日本政治家后援会起源的探讨，更缺乏对 1994 年以来后援会的最新情况的分析，而后者对于我们研究当前日本政治的发展来说无疑是最为重要的部分。

其次，从研究视角来看，尽管已有一些学者在其研究中提到不同政党的政治家后援会存在差异，也指出了战后自民党政治家后援会的蓬勃发展与社会党"集票组织"的缺失，但对于自民党、公明党、共产党等的政治家后援会情况的比较分析尚不充分。事实上，比较不同政党的政治家后援会的运作情况以及不同政党的政治家后援会与政党组织的关系，可以为我们分析日本政治家后援会以及日本的选举政治提供新的视角。

最后，从研究内容来看，日本政治家后援会究竟为何产生，如果说众议院议员中选区制是政治家后援会形成的原因，那么在选举制度改革以后，后援会为什么能够长期存在？与此同时，在日本的选举政治中，政治家的后援会并不是孤立存在的，它将候选人与普通选民紧密地联系起来，因而与日本的政治发展密切相关。那么，后援会究竟与日本的哪些政治现象息息相关，又对日本政党政治的发展产生了哪些影响，既有研究并没有对这些问题作出充分的回答。

三 概念界定

何谓日本政治家的后援会？从国内学者的观点来看：根据王振锁教授的研究："日本的后援会，分为两种类型，一种是以集票为目的，议员或议员候选人直接组织选民的团体；一种是政界以筹集资金为目的而成立的团体，习惯上也称'后援会'。"前者可称为"选举后援会"，后者可称为"资金后援会"。[1] 徐万胜教授认为，后援会是政治家个人为了筹集从事政治活动所必需的资金和选票而组织的支持团体。[2]

---

[1] 王振锁：《战后日本政党政治》，人民出版社，2004，第 310～311 页。
[2] 徐万胜：《日本自民党"一党优位制"研究》，人民出版社，2004，第 143 页。

从日本学者的观点来看：根据形野清贵的研究，个人后援会是连接议员和选民的集票组织。① 福冈政行进一步指出：政治家后援会是议员和议员候选人在自己的选区（一般是其家乡）为展开竞选、直接网罗支持者而建立的以政治家本人为中心，以家族为基础，以姻亲、近邻集团、同行业工会等血缘、地缘的人脉为媒介的培养、维持、扩大票源的组织。② 通过总结政治家后援会的设置地点、组织动机、组织方式等，福冈政行对政治家后援会的概念做出了更为全面的界定。

由此可见，在日本选举政治中，后援会的概念有广义与狭义之分：广义的"后援会"既包括"选举后援会"，也包括"资金后援会"；狭义的后援会，只是指"选举后援会"。

由于本书主要关注日本选举政治中政治家如何通过后援会对选民进行选举动员集票，因此采用福冈政行教授对政治家后援会所做的概念界定。书中所述及的"政治家后援会"，亦即王振锁教授所指的"选举后援会"。

四 分析框架

尽管既有研究对日本政治家的后援会现象有一定的探讨，但是对于以政治家个人为中心的后援会组织在日本长期存在并深刻地影响着选民的投票倾向的原因并没有深入的分析。本书将从历史发展的角度、运用实地调查取得的资料，系统分析政治家后援会这一日本政治中特有的现象，并探讨政治家后援会在日本选举政治中长期存在的原因。

第一，本书将从历史发展的角度系统地考察政治家后援会现象：包括战前日本政治家后援会的起源、战后政治家后援会的再生与发展（1945～1994）以及1994年政治改革以后政治家后援会的变迁。通过考察各个时期后援会的运行情况，分析政治家后援会在日本政治生活中作用的变化。

第二，运用实地调查取得的第一手资料，分析和比较不同政党的政治家后援会的运作情况以及不同政党的政治家后援会与政党组织的关系，从

---

① 形野清貴『選挙と政党』、福井英雄［ほか］『日本政治の視角』、法律文化社、1988年、83頁。
② 福岡政行『日本の選挙』、早稲田大学出版部、2001年、132頁。

而分析后援会对日本政党政治的影响。

第三，本书在分析政治、经济因素的基础上，重点从文化因素角度分析日本政治家后援会长期存在的原因。一个国家政治形态的产生，不仅离不开深厚的政治基础，更受到传统文化的影响。为了更深入地理解日本的政治家后援会现象，有必要从文化角度入手对这一现象进行探讨。

五　研究方法

在实行自由选举的日本，为什么以政治家个人为中心的后援会组织长期存在并深刻地影响着选民的投票倾向呢？为了回答这一问题，本书以实地调查为基础，运用案例分析与比较分析的方法，对日本政治家的后援会进行研究。

首先，笔者在 2007 年 7 月至 2014 年 12 月期间，对日本政治家后援会的运作情况进行了实地调查。调查的主要区域包括东京都、大阪府、长野县、埼玉县等，既包括工业较为发达的大都市，又包括了以传统农业为主的农村地区。在实地调查中，笔者共计采访政治家 12 人——包括现任及前任国会议员、县议员、市议员，覆盖了自民党、民主党、社民党、公明党、无党派政治家；采访政治家后援会骨干成员共计 28 人；拜访政治家事务所 4 个；还观察了 2007 年 7 月举行的第 21 届参议院选举、2009 年 8 月举行的第 45 届众议院选举、2010 年 7 月举行的第 22 届参议院选举、2010 年 8 月举行的长野县议员补选、2014 年 12 月第 47 届众议院选举的过程中，候选人的选举活动以及候选人后援会的助选活动。通过对多位政治家、后援会骨干（包括从事后援会活动几十年的资深会员）的深入个人访谈，不但掌握了日本政治家后援会的历史嬗变，还了解到不同党派政治家后援会的组织、活动机制的最新情况，掌握了研究日本政治家后援会的第一手资料。

与此同时，笔者还先后前往日本国会图书馆、早稻田大学图书馆、东京大学图书馆、学习院大学图书馆、长野县图书馆，搜集到了关于日本政治家后援会情况的一些有价值的资料与数据，其中包括相关的历史档案、媒体报道、政治家个人回忆录等。实地考察所获得的第一手资料与搜集到的第二手资料，为本书的研究提供了宝贵的素材。

其次，本研究将采用案例分析的方法研究政治家后援会的具体运作情况。为了更深入地分析日本政治家后援会的实际生态，本书将以原首相田中角荣、两度担任首相的安倍晋三、原经济产业大臣小渊优子、原新进党与原自由党党首小泽一郎等政治家的后援会，以及笔者实地调查的东京都公明党政治家、长野县无党派政治家的后援会为典型案例，对政治家后援会的成立目的、组织结构、主要活动、运作效果等多个方面进行考察，并在此基础上深入探讨政治家后援会成功运作的原因与影响。

最后，本研究还将采用比较分析的方法。一是通过对不同时期日本政治家后援会的比较，分析日本政治家后援会作用的历史变化；二是通过对日本不同政党的政治家后援会的比较，分析政治家后援会对不同政党的影响，并在此基础上探寻政治家后援会在日本选举政治中长期存在的根本原因。

六　结构安排

本书共分为六章。

第一章为导论，包括研究问题的提出和意义、文献回顾、概念界定、分析框架、研究方法、结构安排等内容。

第二章回顾了日本近代选举制度确立及政治家后援会的产生。这一章的研究重点是追溯近代日本政治家后援会的起源。在"天皇权力高于一切"的君主立宪政体下，"天皇绝对权力"与"国民自由选举权"之间存在着根本性的矛盾，选举法的不断修改只是权力主体释放国内群众民主诉求和社会压力的阀门，无法真正实现政治民主化。在国民选举权有限扩大的过程中，众议院议员中选区制与中央对地方的财政控制共同催生了以候选人为中心的后援会组织。后援会成为候选人的拉票组织，严重助长了近代日本政治中的腐败现象。

第三章探讨了战后（1945～1994年）日本政治家后援会的再生与发展，并以田中角荣的个人后援会——越山会为例，深入分析了政治家后援会的成立目的、组织结构、主要活动，并在此基础上探讨了后援会的运作与影响。战后日本经过"非军事化"与"民主化"改革，确立了资产阶级议会民主制。在经济高速增长、政治制度变迁的情况下，候选人为了确保竞选成功，纷纷组建后援会。后援会通过利益与情感双重纽带，将政治家与其支持者牢固地联系起来，确保了稳固的票源。后援会促进了选民的意愿表达，但也给日本政治发展带来了种种弊端。

第四章分析了1994年日本政治改革后政治家后援会的变迁。为了实现以政党、政策为中心的选举，整治政治腐败现象，1994年日本进行了政治改革，将原来的众议院议员中选区制改为小选区比例代表并立制，并加强了对政治资金的管理。然而，日本政治中的后援会组织却没有如制度设计者所预想的那样被削弱甚至消除，而是保持了长期的发展。政治家为了维系后援会，更加重视后援会在选举间歇期的活动，加强同后援会成员们之间的私人感情。本章还以安倍晋三后援会为例，论证了在政治制度变革、法律管制加强的情况下，后援会作为政治家的集票组织的功能不仅没有减弱，反而更加凸显。

第五章着重分析了日本选举政治中政治家后援会长期存在的文化原因，并以田中角荣、小渊优子、小泽一郎等政治家的后援会为例进行了论证。随着众议院议员中选区制被小选区比例代表并立制所取代和地方财政的逐渐健全，战后日本政治家后援会再生的制度性因素发生了改变，但各个政党的政治家后援会组织仍旧活跃在日本的政治舞台上，其根本原因在于日本传统的集团主义文化。在传统的集团主义文化影响下，保持经常的感情联络、依靠集团保障成员利益是维系集团的重要方式。进入现代社会，日本确立了选举制度，尽管政党、政策等因素也会对选民的投票造成影响，但以个人情感关系与利益交换关系为基础的政治家后援会仍是维系政治家与选民关系的重要纽带。传统的集团主义是日本政治家后援会长期存在的文化根源。

第六章从政党发展、国家政治发展两个维度分析了政治家后援会的"利"与"弊"。从政党发展的维度来看，一方面，政治家后援会的广泛存在在组织、动员民众参与投票方面弥补了政党基层组织薄弱造成的不足；另一方面，为近年来日本政党的频繁分化重组带来了可能。从国家政治发展维度看，政治家后援会在中央政府与选民之间建立起了上通下达的渠道，有助于民众的意愿得到更充分的表达。与此同时，政治家后援会也令部分国会议员将地方利益凌驾于国家利益之上，助长了金权政治、派阀政治、世袭政治等现象。

第二章　近代日本选举制度与
政治家后援会的起源

第一节　选举政治与传统文化

一　西方选举政治的起源与发展

（一）古典时代的选举

在古希腊时期，雅典城邦的大部分官员由抽签产生；只有将军等需要特殊才能的官员，才由选举产生。在作为最高权力机关的公民大会上，公民主要是以举手表决的方式来进行决策；陪审法庭则主要采取秘密投票的方式进行决策。①

在古罗马时期，选举制度出现了两个特色：一是集团投票原则，即首先在集团内部按照多数原则进行表决，再以集团为单位按照多数原则进行表决；二是作为表决机构的人民大会主要有三种表决形式：库里亚大会、百人团大会、特里布斯大会或部落大会（Comitia Tributa）。② 在库里亚大会上，古罗马人已经开始通过投票的多数原则决定会议结果；部落大会按地域部落组织召开，不分等级和财产资格。③ 尽管相对于古希腊的选举而言，古罗马享有选举权的主体有所扩大，但由于被选举权的配置和按等级投票等制度安排，古罗马的政体实质上是一种寡头政体，选举只是民众对精英

---

① 何俊志：《选举政治学》，复旦大学出版社，2009，第 1～24 页。
② 何俊志：《选举政治学》，复旦大学出版社，2009，第 24～26 页。
③ 施治生、郭芳：《古代民主与共和制度》，中国社会科学出版社，1998，第 241 页。

掌握权力的一个确认过程。①

（二）西方国家选举制度的建立与发展

在西方国家中，英国选举制度的产生最为典型。英国选举制度的产生与封建社会的议会有着密切关系。1215 年，英国国王约翰在贵族威逼之下签署了"自由大宪章"。该宪章规定，由封建主选出一个由 25 人组成的委员会来监督国王是否遵守宪章。英国国会由此肇始。1343 年，国会分为两院：贵族院（上议院）和平民院（下议院）。1688 年英国"光荣革命"之后，资产阶级夺取了国家统治权，英王威廉三世于 1689 年和 1701 年先后被迫接受了《权利法案》和《王位继承法》等一系列宪法性文件，确认议会是凌驾于国王之上的最高立法机关，宣布国会议员实行直接的"自由选举"，至此，具有近代意义的英国资产阶级选举制度得以建立起来。② 1832 年代表英国资产阶级利益的辉格党在人民要求普选权的声浪中，提出了第一部选举制度改革法——《英格兰与威尔士人民代表法》，重新分配了议席，增加了城市代表的名额，降低了选民与候选人的财产资格限制。此后，英国先后于 1867 年、1872 年、1883 年、1884 年、1885 年进行了多次较大的选举制度改革。1918 年，《国民参政法》在议会获得通过，女性开始拥有了选举权。此后经过多次修改选举法，英国终于在 1969 年实现了普遍与平等的选举原则。

在法国，1302 年国王菲利普四世为解决国王与教皇之间的冲突向城市市民征税，召开了第一次"三级会议"。后来，随着资本主义发展和资产阶级力量的增长，资产阶级代表开始作为第三等级参加会议。此后，通过巴黎人民武装起义，政权从王室转移到议会。随后通过多次立宪活动，法国建立起了近代选举制度。然而，尽管通过 1791 年后的一系列立宪活动，法国确立了君主立宪政体和选举制度，但规定只有拥有一定财产和纳税的人才能享有选举权和被选举权。直到 1875 年，法国再次修改有关选举的法律，规定年满 21 岁且享有公民权的男子、在选举区居住 6 个月以上，即享有选举权，废除了对选民财产及教育程度的限制。从此以后，法国的选举制度

---

① 何俊志：《选举政治学》，复旦大学出版社，2009，第 24～26 页。
② 高鹏怀：《比较选举制度》，知识产权出版社，2008，第 8～9 页。

才基本稳定下来。①

在德国，1871 年通过帝国宪法确立了普选的原则，但由于后来法西斯独裁政权的破坏，德国选举制度形同虚设。直到法西斯政权垮台之后，在 1949 年，前联邦德国新宪法和选举法才重新确立了普遍、平等、直接选举的原则。②

美国的选举制度建立于独立战争后。1787 年，美国制宪会议在费城召开，制定了《美利坚合众国联邦宪法》，并于 1789 年正式生效。按照宪法规定，国会参议员、众议员分别由公民间接和直接选举产生；"总统由每个州委派的选举人选举产生。"③ 1919 年，美国国会通过了联邦宪法第十九条修正案，规定"公民的选举权不得因性别而被加以拒绝和限制"，实现了男女平等的选举权。但对选民的财产、教育背景等方面仍旧有一定要求。直到 1971 年，美国宪法修正案第二十六条才确定了 18 岁公民即有选举权。④

从总体上看，以西方国家为主要代表，19 世纪之后选举权的普及大致沿着两个方向展开：一是享有选举权的主体不断突破财产的限制，逐渐在成年男性公民中普及，直至所有的成年男性公民均享有选举权；二是选举权不断突破性别、种族、年龄和受教育程度的限制，直至联合国等国际组织将选举权确定为一种基本人权。⑤

二　选举制度与投票行动

（一）选举制度

选举制度，是"与选出代表相关的手续的体系"。⑥ 其具体内容大体包括以下两点：①将选民的意愿、选择通过选票的方式明确表达出来所采取的方法；②选票即是促成议会席位、政府（内阁）的成立或更迭所采取的

---

① 胡盛仪、陈小京、田穗生：《中外选举制度比较》，商务印书馆，2000，第 34、41～42 页。
② 胡盛仪、陈小京、田穗生：《中外选举制度比较》，商务印书馆，2000，第 42 页。
③ 曾广载：《西方国家宪法和政府》，湖北人民出版社，1989，第 156 页。
④ 杨百揆：《现代西方国家政治体制研究》，春秋出版社，1988，第 319、321 页。
⑤ 何俊志：《选举政治学》，复旦大学出版社，2009，第 34 页。
⑥ 冲野安春『現代日本の政治：制度と選挙過程』、芦書房、1995、127 - 128 頁。

手段。除此以外，选举制度一般还包括：选民资格的确定方法；选举区（选出代表的基本单位）；各个选区的代表数（定额）；选举活动的方法；投票方法；开票、统计、当选者的确定；选举资金的收支等一系列的规定。①

根据制度所强调的侧面不同，选举制度的类型划分有多种方法。按照选举规则划分，选举制度一般可以划分为以下三种类型。①多数代表制（Majority System），即候选人、政党或者政党联盟获得选区内一定多数的选票即为当选的制度。多数制反映选区中多数选民投票一致的制度规定。②比例代表制（Proportional System），指的是根据选区内参加竞选的各政党获得选票多寡按比例分配当选名额（议席），使各政党的得票率与议会内的议席占有率达至相近乃至相同的制度。② 比例代表制，有利于使民众的意愿在议会得到真实的反映，也有利于使竞选活动围绕政党、政策来展开。③ 从这个意义上来说，比例代表制有利于保护小政党的利益。③混合制。一些国家将多数代表制与比例代表制这两种选举制度组合在一起，形成了混合型代表制（Mixed System）。

选区划分是选举制度的重要组成部分。④ 选区，又称为选举区，是选民开展选举活动，直接选举产生国家代议机关代表的基本单位。在选举开始前，按一定的原则划分选区，不仅旨在使选民在一定区域内参加选举更为方便，同时也是为了更好地计算选票和实现选举目标。⑤

根据选区大小及选区名额多寡，可以将选区分为小选区和大选区。小选区，即按一个选区只选举产生 1 名代表来划分的选区；大选区，即按一个选区产生 2 名以上代表来划分的选区。也有学者将按一个选区选举产生 2 名以上 10 名以下代表来划分的选区称为中选区，而将按一个选区选举产生 10 名以上代表来划分的选区称为大选区。

按照选区规模对选举制度进行分类，可分为小选区制、中选区制、大

---

① 沖野安春『現代日本の政治：制度と選挙過程』、芦書房、1995、127 - 128 頁。
② 沖野安春『現代日本の政治：制度と選挙過程』、芦書房、1995、128 頁。
③ 加藤秀治郎『日本の選挙—何を変えれば政治が変わるのか』、中央公論新社、2003、28 頁。
④ 李海英：《日本国会选举》，世界知识出版社，2009，第 87 页。
⑤ 胡盛仪、陈小京、田穗生：《中外选举制度比较》，商务印书馆，2000，第 105 页。

选区制。目前，英国、美国、法国、加拿大、澳大利亚等国家实行的是小选区制，奥地利、瑞士等国家实行的是大选区制或称中选区制。[①]

一般来说，在小选区制下通常实行相对多数制，只要获得最多数票（不一定超过半数）即可当选。这样，往往只有大党才可能在全国赢得足够多的选区，从而在国会拥有足够多的席位，而小政党则由于力量有限而难成气候。因此，一般来说，小选区制有利于大政党而不利于小政党的发展。[②]

日本习惯根据选区规模对选举制度进行分类。以众议院选举为例：1889～1925年，日本曾出现小选区制与大选区制交替实行的情况。1925年以后，日本众议院选举实行中选区制，在每个选区选出3～5名议员。二战结束后，日本在1946年举行的战后第一次众议院选举中实行了大选区制。1947年3月，日本通过《众议院议员选举法修正案》，将大选区制改为中选区制。此后，日本在众议院选举中长期实行中选区制，直至1994年，通过选举制度改革，确立了小选区比例代表并立制。

（二）投票行动

无论在哪种选举制度下，解释选民投票态度的基本原因，主要有三个：政党取向、政策取向（也被称为"政党争议点取向"）、候选人取向。[③] 第一，政党取向，指选民根据政党来决定自己支持态度的投票行动。第二，政策取向，指选民根据各党的政策决定自己支持态度的投票行动。从理论上讲，影响到投票行动的政策取向选举应具备三个条件，即选民关心该政策、具有针对该政策的个人观点并知晓每个政党对该政策相关问题的立场。第三，候选人取向，指选民根据候选人决定自己支持态度的投票行动。一般来说，在政党组织较弱的情况下，选民对候选人个人的评价往往会对其投票行动产生直接影响。美国斯坦福大学高级研究员布鲁斯·凯恩等学者还进一步指出，不管政党组织是强还是弱，只要采取对候选人直接投票的

---

① 胡盛仪、陈小京、田穗生：《中外选举制度比较》，商务印书馆，2005，第107、115页。

② 高鹏怀：《比较选举制度》，知识产权出版社，2008，第88页。

③ A. Campbell, G. Gurin, and W. E. Miller, *The Voter Decides*, Westport, C. T.: Greenwood, 1954.

形式，就会有个人投票（Personal Vote），① 即候选人取向的投票。

三　日本传统文化

一个国家的政治形态，深受在历史积淀中形成的传统文化的影响。在《论美国的民主》一书中，法国学者托克维尔曾经犀利地指出：美国的自然环境、法制和民情共同维护了该国的民主制度，但是"按贡献对它们分等级……自然环境不如法制，而法制又不如民情"。② 托克维尔所谓的"民情"，即是指美国政治文化中的法治传统。

著名的日本人类学家中根千枝在谈到近代以来日本的发展时指出，"日本在其现代化进程中，自西方输入了许多文化内容，但这些舶来文化支离破碎，始终未能渗入到我们的体制中来"。③ "现代化并不是由于改变了原有的结构，而恰是由于依靠它才得以实现的。"④ "非正式的体制才是日本人社会生活的原动力，它是在纯纯粹粹的日本文化中哺育出来的道地的日本因素。"⑤

政治制度的发展深受一个国家传统文化的影响，源自西方的选举制度在日本的发展同样由于受到日本传统文化的影响而具有鲜明的日本特色。在探讨日本选举政治中的独特现象——政治家后援会之前，我们有必要对日本传统文化的典型特征略做梳理。

首先，从生产和生活的历史传统来看，日本属于农耕文化圈，由此形成了集团主义文化。日本位于太平洋西岸，是一个从东北向西南延伸的弧形的海岛国家，地理面积狭小，山脉纵横，耕地面积较少，土质总体来看并不肥沃。公元前 3 世纪至公元前 2 世纪，先进的大陆文明经由朝鲜半岛传播到日本列岛，日本开始形成作为文明社会之基础的农耕文化，⑥ 以水稻为

---

① Bruce Cain, John Ferejohn, and Morris Fiorina, *The Personal Vote: Constituency Service and Electoral Independence*, Harvard University Press, 1987.

② 〔法〕托克维尔：《论美国的民主》上卷，董果良译，商务印书馆，1991，第 358 页。

③ 〔日〕中根千枝：《日本社会》，许真、宋峻岭译，天津人民出版社，1982，第 137 页。

④ 〔日〕中根千枝：《日本社会》，许真、宋峻岭译，天津人民出版社，1982，第 106 页。

⑤ 〔日〕中根千枝：《日本社会》，许真、宋峻岭译，天津人民出版社，1982，第 137 页。

⑥ 韩立红：《日本文化概论》，南开大学出版社，2008，第 29 页。

主要粮食作物。由于水稻栽培是以"在耕地共有和为保全耕地而需集体协作完成灌溉土木工程的基础上形成的农业共同体的集团生活"为前提的,①在以集体劳作、相互协调的方式种植水稻的过程中,日本人以家族和家族之间的协调合作为纽带,形成了稳固的地域社会。农耕文化中村落的家族主义性质和共同财产的存在,决定了资源的利用、生产的管理、生活的互助都在统一安排下有组织地进行。任何以自我为中心的行为举动都可能会给全体居民带来麻烦,因此人们不能以个人的意志行事,而是要按照集团的意志协同行事。共同协作的行为准则成为集团至高无上的法令。② 日本的集团主义文化由此产生。

传统的集团主义强调集团行动的一致性。个人从属于集团,集团的意志决定个人的意志。因此,中根千枝曾经指出,在日本,"一名团体选手显然比一名个体更受人赞赏,集体精神比个人抱负更令人钦佩……正如日本一句俗话所说,'出头的钉子要遭到敲'……合作精神、通情达理、体谅别人是最值得称颂的品德"。③

其次,武士道的忠义、守礼、自我克制是日本文化的重要组成部分。武士道,是要求或教导武士们遵守的道德行为规范。在武士荣誉的准则中,封建道德中所强调的对上级的崇敬和忠诚被强化,忠诚被认为具有至高无上的重要性。在日本,"孝"让位给"忠诚"。在武士道精神中,家族的利害与其成员的利益被联系成密不可分的整体。因此,即使君主落败,也要追随君主共患难。④

再次,日本人将羞耻感纳入道德体系,形成了独特的耻感文化。美国著名文化人类学家鲁斯·本尼迪克特指出,日本文化是以"耻"为基调的文化,主要"依靠外部的强制力来做善行"。"羞耻是对别人批评的反应。一个人感到羞耻,是因为他或者被公开讥笑、排斥,或者他自己感觉被讥笑,不管是哪一种,羞耻感都是一种有效的强制力。"日本人将羞耻感纳入

---

① 青山道夫等『講座家族1（家族の歴史）』、弘文堂、1973年、410頁。
② 王秀文:《传统与现代:日本社会文化研究》,世界知识出版社,2002,第58页。
③ 〔日〕中根千枝:《日本社会》,许真、宋峻岭译,天津人民出版社,1982,第79页。
④ 〔日〕新渡户稻造:《武士道》,周燕宏译,文汇出版社,2010,第63~70页。

道德体系，十分注意社会对自己行动的评价，推测别人会做出什么样的判断，并针对别人的判断而调整行动。[1]

最后，娇宠文化。"娇宠"心理的原型是母子关系中的幼儿心理。随着幼儿在精神方面的发展，长到半岁以后便能察觉到自己和母亲是各自不同的存在，并感知母亲的存在对自己来说不可或缺。于是，幼儿就想要和母亲贴近，这便是"娇宠"。[2] 日本著名精神分析家土居健郎教授认为，日本的人际关系，是一种相互"娇宠"的关系。与"义理与人情"、"内与外"相关联的"客气"是日本的人际关系中所特有的东西。对大多数日本人来说，对于根据是否需要客气而区分的"内"与"外"持不同态度是理所当然的事情。对此，一些学者认为，"日语中的'内'主要指个人所属的集团……在日本，西方那样的自由观念很难扎根。独立于集团之外的个人自由很难确立，因此缺乏超越个人或不同集团之上的公共精神"。[3]

以上部分简要回顾了西方选举政治的起源与发展，介绍了选举制度、选区划分及选举活动中的投票行动，指出候选人取向、政党取向、政策取向是解释选民投票态度的三个基本原因，并简要回顾了日本的传统文化。那么，在日本的政治发展中，源自西方的选举制度在日本的土壤中是如何生根发芽、开花结果的呢？下面，我们将从日本近代选举制度的确立与政治家后援会的起源入手，分析日本的选举政治。

第二节 近代日本的选举制度

一 日本君主立宪政治体制的建立

（一）明治维新

1853 年 6 月，美国东印度舰队司令马休·卡尔布莱斯·佩里（Matthew Calbraith Perry）率领军舰闯进江户湾。次年 3 月，德川幕府与美国政府在

---

[1] 〔美〕鲁斯·本尼迪克特：《菊与刀》，吕万和、熊达云、王智新译，商务印书馆，2004，第 154～155 页。
[2] 韩立红：《日本文化概论》，南开大学出版社，2008，第 150 页。
[3] 韩立红：《日本文化概论》，南开大学出版社，2008，第 158～162 页。

神奈川订立了日本近代史上第一个不平等条约《日美和亲条约》（即《神奈川条约》），美国叩开了日本的大门。此后，随着国际局势不断紧张、日本国内矛盾不断激化，风雨飘摇的德川幕府终于倒台。

1868 年 1 月，在倒幕派的支持下，日本天皇睦仁发布了"王政复古大号令"，号召废除幕府，一切权力重归天皇。① 1868 年 3 月 14 日，天皇发布了政府的施政纲领。同年，新政府发布了《政体书》，仿效奈良时代的"律令制"，实行太政官体制，规定"一切权力皆归太政官，使政令无出二途之患。太政官之权力分为立法、行政、司法三权，使无偏重之患"。值得注意的是，此时的"太政官"并非一个特定机构，而是对其所含各部门的总称。与此同时，新政府还发布"告示"指出："今后，圣意将住在外殿，每日辰刻至皇宫学问所，听取万机政务，希尔辅相奏闻。"② 以上内容表明，在明治维新以后，日本的政治体制是向着天皇执掌"一切权力"的方向演变的。③ 1868 年 7 月，天皇发布诏书，改称江户为"东京"；9 月，改年号为"明治"。④ 至此，以天皇为中心的明治政权基本建立。

（二）《大日本帝国宪法》确立君主立宪政体

1889 年 2 月，日本政府颁布《大日本帝国宪法》（也称"明治宪法"）。该宪法共分 7 章 76 条，内容涉及天皇、臣民权利义务、帝国议会、国务大臣及枢密顾问、司法、会计等各个方面。第一章是有关天皇的规定，凸显了以天皇为中心的君主主权原则，其主要内容如下："日本帝国由万世一系的天皇统治"（第 1 条）；"天皇神圣不可侵犯"（第 3 条）；"天皇为国家元首，总揽统治权，并依据宪法之条规行使之"（第 4 条）；这些统治权包括：在帝国议会协赞下的立法权（第 5 条）、法律批准权（第 6 条）、召集或解散议会权（第 7 条）、议会闭会期间代替法律的紧急敕令发布权（第 8 条）、命令政府发布政令之权，但不得以命令更改法律（第 9 条）、官吏的任命权和管理薪俸的决定权（第 10 条）、对陆海军的统帅权（第 11 条）、常备军

---

① 『王政復古大号令』、歴史学研究会編『日本史史料.4（近代）』、79 頁。
② 〔日〕信夫清三郎：《日本政治史》（第二卷）（汉译本），上海译文出版社，1988，第 206 页。
③ 王振锁、徐万胜：《日本近现代政治史》，世界知识出版社，2010，第 34 页。
④ 明治的年号取自中国"圣人南面听天下，向明而治"（典出《易经·说卦篇》）。

的编制权（第 12 条）、宣战及媾和缔约权（第 13 条）、戒严的宣布权（第 14 条）、封爵授勋权（第 15 条）、实行大赦和特赦及减刑和复权的命令权（第 16 条）、设置摄政权（第 17 条）等各种大权。①

这部宪法以天皇总揽统治权为原则，为组建天皇总揽统治权的政治制度提供了法律依据，标志着日本近代天皇制的确立。② 换言之，明治宪法最鲜明的特点是"天皇中心主义"。③ 对此，作为宪法主要起草者的伊藤博文直言不讳："一国之权力，以君主大权为其枢轴，凡百权利皆由来于此。"④

作为近代亚洲国家颁布的第一部宪法，《大日本帝国宪法》部分采纳了自由民权运动者要求制定宪法、开设国会的主张，规定了臣民的权利和义务，建立起了近代君主立宪制度，开了日本议会民主制的先河，在日本政治史上具有划时代的意义。

然而，必须指出的是，《大日本帝国宪法》存在着历史局限性。第一，以天皇权力为核心、以行政权为主导，导致了权力的高度集中化。尽管宪法确认了立宪主义和议会两院制，为政党内阁的产生提供了可能，但是从天皇与内阁的关系来看，天皇是国家最高统治者，内阁要对天皇而不是议会负责。在这种体制下，即使是选举产生的议会也会失去对政府政策的控制力。帝国议会由贵族院和众议院构成，众议院议员由选举产生，贵族院的议员却不需经过选举，由贵族、华族和敕任议员（须年满 30 岁，由天皇亲自任命）担任。如图 2－1 所示，依照《大日本帝国宪法》的规定，帝国议会、内阁、法院等机构均从属于天皇，贵族院、枢密院等也成为保障天皇权力的特权机构。这样，天皇牢牢掌握了预算、立法权，行政权和审判权，三权分立的原则已经被严重扭曲。第二，宪法规定"天皇统帅陆海军"和"天皇决定陆海军之编制及常备兵额"。军队直属于天皇本人，意味着军权摆脱了国会、政府的制约。军部独享帷幄上奏权为此后军部发动侵略战争提供了法律依据与便利条件。⑤ 简而言之，在日本的君主立宪体制下，由

---

① 宋成有：《新编日本近代史》，北京大学出版社，2006，第 157 页。
② 宋成有：《新编日本近代史》，北京大学出版社，2006，第 159 页。
③ 王振锁、徐万胜：《日本近现代政治史》，世界知识出版社，2010，第 68 页。
④ 万峰：《日本近代史》，中国社会科学出版社，1981，第 261 页。
⑤ 宋成有：《新编日本近代史》，北京大学出版社，2006，第 159 页。

于天皇权力高于一切，议会、内阁与法律制度的保障与促进民主政治作用被严重弱化了。

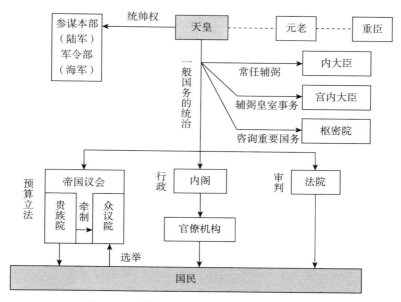

图 2 - 1　《大日本帝国宪法》下的政权结构

资料来源：石井进（ほか）『詳説日本史』、山川出版社、2004 年、261 頁。引自李海英《日本国会选举》，世界知识出版社，2009，第 22 页。笔者在原图基础上略有改动。

二　君主立宪政体下的选举制度

（一）1889 年《选举法》

在《大日本帝国宪法》颁布的同年，日本以德意志帝国法律为蓝本，制定了日本最初的选举法——《众议院议员选举法》。该法律共 110 条，包括议员定额及选区划分、选举权与被选举权、投票方式、处罚条款等多个方面。

首先，在议员定额与选区划分方面，法律规定众议院议员定额为 300 人；选区划分原则上以市、町、村的行政区划为界，实行小选区制。依据"议员是国民代表"的理论规定，每 18 万国民中产生 1 名议员，超过 18 万人时产生 2 名议员。据此，日本全国大小 716 个郡被分成 257 个选区，其中一人区（1 个选区选举 1 名议员）214 个，两人区（1 个选区选举 2 名议员）

43 个，平均每 1502 名选民选举出 1 名议员。①

其次，在选举权与被选举权方面，男性臣民年满 25 周岁、缴纳直接税金 15 日元以上并满一年者拥有选举权；被选举权的年龄资格为年满 30 周岁，财产条件与选举权资格相同。法律特别规定了一些患病者、罪犯、军人不具备选举权和被选举权。此外，宫内官、法官、会计检察官、税务官及警察等国家公职人员，府、县及郡的官吏（只限管辖区域内），与选举管理相关的市、町、村职员（只限该选举区内），神官、各派僧侣等神职人员也不得成为候选人。

再次，在投票方式上，采取一人区单记、两人区连记式投票方式，同时实行记名投票制，即在选票上除了写明候选人姓名外，还必须标明选民姓名及住址，并加盖本人印章。

最后，在处罚条款部分，对欺诈登记、欺诈投票、收买选票、用暴力手段强迫或骚扰他人投票等行为设置了处罚条例；当选者若因选举犯罪被处罚则当选无效；因选举犯罪被监禁或再犯者，将被处以 3 ~ 7 年内停止其行使选举权和被选举权的处罚；选举犯罪的诉讼时效为六个月。②

总体来看，1889 年《选举法》有两个鲜明的特点。第一，对选举权与被选举权的规定过于严苛，更谈不上普选制。该法律对选举权的规定主要分为三个方面：年龄、性别、收入。在年龄方面，拥有选举权者必须年满 25 周岁，明显高于当时多数实行选举制的国家对年龄的规定（20 周岁）；在性别方面，只有男性有选举权，排除了广大女性；在收入方面，必须是缴纳直接税金 15 日元以上并满一年者才能拥有选举权。在当时，普通小学教员年收入为 100 ~ 130 日元，因而 15 日元对当时的人们来说，已经是一个不小的数字。由于法律对选举权的种种限制，在 1890 年第一次举行大选时，全国实际符合选举权资格者只有 45 万人，仅占总人口的 1.1%。到 1889 年第六次大选时达到 50 万人，也只占当时全国人口的 1.1%。③ 极低的选举权

---

① 李海英：《日本国会选举》，世界知识出版社，2009，第 16 页。
② 李海英：《日本国会选举》，世界知识出版社，2009，第 18 页。
③ 〔日〕升味准之辅：《日本政治史（第二册）——藩阀统治、政党政治》，董果良、郭洪茂译，商务印书馆，1997，第 264 页。

比例，注定了选举无法成为民众表达政治意愿的有效途径。因此，1889 年的选举法，虽然开辟了日本近代选举法的先河，却与普选制相距甚远。第二，选举实行记名投票制。在选票上不仅要写上候选人的姓名，还要写上选民本人的姓名与住址、加盖本人印章。这种做法暴露了选民的个人信息、侵害了选民的权益，严重影响了选民对自身政治意愿的自由表达，"在很大程度上否定了民主选举的意义"。[1]

（二）1900 年《选举法修正案》

1900 年，日本国会两院通过了《选举法修正案》，在选区划分、议员定额、选举权与被选举权、投票方式等方面对 1889 年选举法进行了修改。在选区划分方面，将 1889 年选举法中的小选区制改革为以府县为单位的大选区制，并将人口总数达到 3 万以上的城市设为独立选区；在议员定额方面，将原来众议院议员总额由 300 人扩大到 369 人；在选举权与被选举权的规定上，将选民的资格修改为 25 岁以上且缴纳国税 10 日元以上（低于 1889 年选举法规定的 15 日元），并取消了以"选区为原籍"的规定；取消了对被选举权的财产限制，规定 30 岁以上的男子均有被选举权。[2] 在投票方式上，由原来的记名制投票调整为不记名投票。

相对于最初的选举法，1900 年选举法修正案扩大了选民范围，使选民人数翻了一番，在总人口的比例中由 1.1% 增加到 2.2%。[3] 尽管 2.2% 的比例仍旧不高，但毕竟意味着日本向更大的选民规模迈出了一大步。与此同时，不记名投票的实施，更好地保护了民众表达政治意愿的自由，标志着近代日本的选举法向自由选举迈进了重要的一步。

（三）1919 年《选举法修正案》

1905 年日俄战争的胜利刺激了日本资本主义的发展。随着人口的流动和传播媒介的发展，民众要求扩大选举权的呼声日渐加强，政党势力也因此得到了发展。以立宪政友会这一政党为中心，众议院提出了扩大选举权和恢复小选区制的修改法案，并在原敬内阁时期获得通过。

---

① 王振锁等：《日本政治民主化进程研究》，上海三联书店，2011，第 128 页。
② 李海英：《日本国会选举》，世界知识出版社，2009，第 22 页。
③ 沖野安春『現代日本の政治：制度と選挙過程』、芦書房、1995 年、132 頁。

1919 年选举法修正案主要有两个重大变化：首先，大选区制再次被修改为小选区制，众议院议员定额增加到 452 人；其次，选民资格被再次降低，纳税额从 10 日元降到 3 日元。依据这一修改法案，1919 年的选民人数增加到了 300 万，[①] 占日本当时总人口的 5.5%。[②]

（四）1925 年《普通选举法》

随着民权运动的发展，民众积极要求实现普选。到了大正时期（1912 ~ 1926 年），普选已经成为当时日本社会的普遍要求。尽管如此，在多次议会斗争中，普选法提案都遭到了否决。直到 1924 年，在第二次护宪运动中结成同盟的政友会、宪政会和革新俱乐部（由国民党发展而来）三党组成"护宪三派内阁"后，制定普选法才成为执政内阁紧急考虑的问题。[③] 但在该议案审议的过程中，护宪三派遇到了贵族院的强大阻力，经过几番抗争、谈判和妥协之后，在 1925 年 4 月通过了旨在针对社会主义运动、反国家思想和过激言论的《治安维持法》以及修改和消除有关"变革政体"的条文基础上，同年 5 月，普选法案才在贵族院被通过。[④]

《普通选举法》，顾名思义，该法律最大的特点就是初步确立了"普选制"。它取消了选举权的纳税条件，规定凡年满 25 岁的男子均有选举权。在选区划分方面，首次导入了日本独特的中选区制，即在每个选区选出 3 ~ 5 名众议员。每 12 万人选出 1 名议员，众议员总数达到了 466 名。在被选举权方面，年满 30 岁的男子均有被选举权。候选人申报登记时需交纳 2000 日元保证金，如果选举结果未达到法定得票数，候选人的保证金将被没收。与此同时，该法律也对选举活动的范围进行了限制：规定了选举事务所、休息所的数量；禁止在选举日期之前逐户访问；限制第三者从事选举活动；限制文字或图画类的书面宣传；规定了选举活动费用的最高限额等。该法律还首次将"公营选举"法制化，规定选举期间候选人可免费邮寄信件、免费使用学校及其他

---

① 李海英：《日本国会选举》，世界知识出版社，2009，第 25 页。
② 沖野安春『現代日本の政治：制度と選挙過程』、芦書房、1995 年、132 頁。
③ 福岡政行『日本の政治風土：新潟県第三区にみる日本政治の原型』、学陽書房、1985 年、24 頁。政党政治研究会『議会政治 100 年：生命をかけた政治家達』、徳間書店、1988 年、304 頁。
④ 林尚立：《政党政治与现代化：日本的历史与现实》，上海人民出版社，1998，第 55 页。

公共设施等。① 根据这一修改结果，全国选民人数从 1919 年的约 300 万（约占人口总数的 5.5%）扩大到 1200 万人（约占人口总数的 20.8%）。②

1925 年《普通选举法》通过取消选举权的纳税条件消除了对选民的财产要求，是大正时期民主运动的重要成果。即便如此，新法律规定的享有选举权的年龄需"在 25 岁以上"，仍旧明显高于欧美国家近代选举法中"20 岁获得选举权"的通常规定。更为重要的是，在新选举法中，广大女性臣民仍旧被排除在选举权之外，没有获得参政权。因此，1925 年《普通选举法》实现的仍旧是不完全的普选权。

值得注意的是，《普通选举法》的出台是以《治安维持法》的通过为前提的。《治安维持法》明确规定"凡以变更国体或否认私有财产为目的而组织结社或知情加入者处以十年以下之惩役或禁锢"。③《治安维持法》通过增加警察干预自由言论和集会结社的权限，为社会团体和政治团体的组织活动设置了很大的阻碍，标志着政府限制"危险思想"进入新阶段。④ 也就是说，为了防止随着选举权的扩大可能导致的各种民权运动，帝国议会在扩大民众选举权之前，先行赋予了政府监控与管制选举活动的权力。

（五）1934 年《普通选举法修正案》

1934 年，帝国议会对《普通选举法》做了修改，修改的内容涉及选举活动、选举资金、处罚条例、公营选举制度等诸多方面。第一，对选举活动的规定更加细致。《普通选举法修正案》规定在正式提出申请候选之前，候选人不得从事选举活动；对选举演说会现场的演说者人数也做出了具体规定，即每回不得超过四人；如候选人或其代理人不出场，则选举演说会现场的演说者人数不得超过三人。第二，对选举资金的规定。每位候选人法定选举资金的限额为 9000 日元；候选人必须制作收入和支出账簿，并且应制作明细簿以供普通民众阅览。第三，处罚条例的修改。加重对收买犯罪的刑罚，专门增设严惩选举掮客的规定；对干涉选举的犯罪行为加重了

---

① 李海英：《日本国会选举》，世界知识出版社，2009，第 36 ~ 37 页。
② 吕万和：《简明日本近代史》，天津人民出版社，1984，第 249 页。
③ 吕万和：《简明日本近代史》，天津人民出版社，1984，第 249 页。
④ 〔美〕约翰·惠特尼·霍尔：《日本——从史前到现代》，邓懿、周一良译，商务印书馆，1997，第 245 页。

处罚；将连坐的范围扩大到包括选举活动主要组织者的范围。第四，在公营选举制度方面，规定地方长官应组织发行刊有候选人政见的公文和选举公报；除公营的选举文书外禁止一切带有私人性质的发布，违者处以严厉制裁；只有候选人和选举事务长具备申报免费邮寄资格，且仅限于免费邮送选举公报及召开演说会的通知。①

可以说，1934 年《普通选举法修正案》所做的修改，无一不是为了增加对选举活动的限制。通过对选举法的修正，选举活动受到了更为严格的限制。公营选举制度的进一步完善，使得政府对选举活动的管制再度加强，逐渐形成了具有日本特色的"管制选举"模式。

三 近代日本选举制度演变的特点

从 1889 年第一部《选举法》诞生，到 1934 年的《普通选举法修正案》出台，在短短四十几年的时间里，随着选举法的不断修改，日本的选举制度经历了 5 次大规模的调整。选举制度成为近代日本宪法斗争的中心、自由选举的有限扩大与对选举活动管制的不断增强，构成了近代日本选举制度演变的主要特点。

（一） 选举制度成为宪法斗争的中心

明治维新以后，日本政府开始对政治、经济体制进行改革，其推行的各项政策，主要维护了特权大资产阶级的利益，与农民尖锐对立，与一般中小地主、工商业者也有矛盾。以民众为根本动力，以"开设国会"、"减轻地税"、"修改不平等条约"为中心口号，② 自由民权运动在日本产生并不断发展。上层自由民权运动者主张"民选议院"，下层自由民权运动者强调"平等主义"、"社会公众福利"等。日俄战争以后，自由民权运动分子建立普选联合会，开始提出"普选请愿书"。1912 年，第一次护宪运动揭开了大正民主运动③的序

---

① 李海英：《日本国会选举》，世界知识出版社，2009，第 48～49 页。
② 吕万和：《简明日本近代史》，天津人民出版社，1984，第 89 页。
③ 大正民主运动，又称"大正德谟克拉西"，是指日本大正时期（1912～1925 年）的民主运动和民主思潮，始于第一次护宪运动（1912～1913 年），止于第二次护宪运动（1924～1925 年）。其主要内容是要求实现资产阶级立宪民主政治，反对专制主义统治和扩军备战的军国主义统治。

幕。议会政治和普选权逐渐成为民主运动的普遍诉求，普选法案逐渐上升为日本议会的焦点问题。以选举法的修改为主要表现，选举制度成为近代日本宪法斗争的中心。

由于在近代日本的君主立宪体制下，天皇权力高于一切，高涨的群众性民主运动根本无法触及国家政治体制的核心问题。因此，二战前日本"最大的宪法斗争始终只是围绕其附属法典，即选举问题而展开"。①

（二）自由选举的有限扩大

由表2－1可以看出，从1889年颁布的第一部选举法到1934年的选举法修正案，经过五次调整，日本民众的选举权被逐渐扩大，选举权和被选举权的限制也在不断降低。

第一，从选举权来看，1889年选举法对选民的性别、年龄、经济状况均做出了规定，即只有年满25岁的男性且年纳税额超过15日元者方可具有选举权。此后，对选民财产的要求不断降低：纳税额从15日元降低到10日元，再降低到3日元，直到1925年完全取消对选民的财产要求。选举权的扩大带来了选民人数的增长，1889年具有选举权的民众只占人口总数的1.1%，经过选举法的不断修改，1925年这一比例达到了20.8%。

第二，从被选举权来看，1889年选举法对候选人的性别、年龄、经济状况均做出了具体要求。1900年以后，对候选人经济状况的要求被取消。然而，1925年《普通选举法》开始要求候选人在申报登记时交纳高额保证金（2000日元），如果选举结果未达到法定得票数，候选人的保证金将被没收。这意味着如果候选人不能筹得2000日元，则无法被列为候选人。显而易见，保证金的规定已经成为对候选人经济情况的变相要求。

第三，从投票方式来看，战前日本的选举制度经历了从记名投票到不记名投票的变化过程，增加了选民投票的私密性，更好地保护了选民的民主权利。

第四，众议院议员定额由最初的300名增加到466名。民选议员人数的增加在一定程度上拓宽了民众诉求的表达渠道。

---

① 〔加〕诺曼：《日本维新史》，姚曾廙译，商务印书馆，1962，第188页。

尽管如此，这一时期日本民众自由选举权的扩大仍旧是非常有限的：第一，从选举权和被选举权的性别规定来看，在1945年以前，日本女性始终被排除在参政权之外，未能获得选举权与被选举权；第二，从年龄来看，日本选举法将选民的年龄定为25岁，将候选人的年龄定为30岁，而从欧美近代的选举法立法案例来看，选举权与被选举权的年龄规定应与《民法典》规定的"20岁"成人年龄一致。日本选举法所规定的选民与候选人的年龄均明显高于当时的其他民主国家，导致日本民众享有参政权的比例远远低于当时同类国家。据统计，1925年，在女性没有参政权的各个国家中，法

表2-1 近代日本选举制度变化

时间	选区	众议院议员人数	选举权	被选举权	投票	对选举活动的管制
1889~1900年	小选区制	300人	①男性； ②年龄>25岁； ③纳税额>15日元 （比例为1.1%）	①男性； ②年龄>30岁； ③纳税额>15日元	记名	设置处罚条款
1900~1919年	大选区制	369人	①男性； ②年龄>25岁； ③纳税额>10日元 （比例为2.2%）	①男性； ②年龄>30岁	不记名	设置处罚条款
1919~1925年	小选区制	452人	①男性； ②年龄>25岁； ③纳税额>3日元 （比例约为5.5%）	①男性； ②年龄>30岁	不记名	设置处罚条款
1925~1934年	中选区制	466人	①男性； ②年龄>25岁 （比例为20.8%）	①男性； ②年龄>30岁； ③2000日元保证金	不记名	①严厉的处罚条例 ②增加对选举活动的限制 ③"公营选举"法制化 （加强对选举的监管）
1934~1945年	中选区制	466人	①男性； ②年龄>25岁	①男性； ②年龄>30岁； ③2000日元保证金	不记名	①限制选举活动 ②监控竞选资金 ③加重犯罪处罚 ④完善公营制度（增加限制条款）

资料来源：笔者依据前文论述整理绘制。

国享有参政权的人口比例为27%，意大利为34%，日本仅为20.8%。[1]

（三）对选举活动的管制不断增强

伴随着民众民主权利的扩大，选举法对选举活动的管制也在不断增强。1925年《普通选举法》作为大正民主运动的主要成果，减少了对选举权的限制，扩大了选民人数。然而，该法律在议会获得通过的前提，却是颁布限制集会结社、政治团体活动的《治安维持法》。与此同时，《普通选举法》增加了对选举活动的管制，加大了对违法行为的处罚力度。"公营选举"法制化的实现，进一步加强了对候选人在竞选期间活动的监管。

在以天皇为核心、以行政权为主导的政治体制下，无论是天皇还是政府，都希望限制众议院的权力。然而，此起彼伏的社会思潮、持续高涨的民主运动，一方面迫使当时的权力主体不断调整选举法，另一方面又加剧了他们对民主力量、社会主义力量影响日益扩大的担心。正如时任内阁总理大臣原敬[2]在1920年2月14日的内阁会议上所说，"我们对逐渐扩大选举权本无任何异议，而且以后国情达到这个地步时，所谓普选也不是那么令人担忧的，但打倒阶级制度之类的说法，试图打击现在的社会组织，并以此为由取消纳税资格云云，才实在是危险之极"。[3] 因此，在适当扩大民众民主权利的同时，国家权力的主体也在想方设法加强对选举活动的限制，最直接的表现就是不断增加选举法对选举活动的管制条款和颁布《治安维持法》等相关法律。

第三节　近代日本选举政治中的政治家后援会

一　近代日本政治家后援会的产生及其作用

在自由选举蓬勃发展的过程中，日本出现了一种以候选人为中心、随着选举的进程开展选举活动的政治团体——政治家后援会。尽管第一个政

---

[1]　李海英：《日本国会选举》，世界知识出版社，2009，第35页。

[2]　原敬，日本政治家，第19任日本首相，在任时间为1918年9月至1921年11月。

[3]　〔日〕升味准之辅：《日本政治史（第二册）——藩阀统治、政党政治》，董果良、郭洪茂译，商务印书馆，1997，第520~521页。

治家后援会组织在日本出现的时间现已无迹可查,但可以肯定的是,到 20 世纪 20 年代,候选人的后援会组织已经在日本广泛存在。① 后援会成立的目的,就是帮助候选人赢得大选。为了实现这一目的,后援会展开了一系列的收买选票、拉票等活动。

首先,通过后援会的活动收买选票成为候选人规避法律的重要手段。1889 年颁布的第一部选举法设置了对选举犯罪活动的处罚条款,到了 1925 年,为了遏制收买选票的行为,《普通选举法》更是对选举活动的范围进行了严格的限制:规定了选举事务所、休息所的数量;禁止在选举日期之前逐户访问;限制第三者从事选举活动;限制文字或图画类的书面宣传;规定了选举活动费用的最高限额等。该法律还首次将"公营选举"法制化,规定选举期间候选人可免费邮寄信件、免费使用学校及其他公共设施等②,将公开的选举宣传活动纳入到了政府监管的范围。

然而,选举法规定的日趋严密,不仅没有消除选举中的收买现象,反而使选举中的钱票(金钱—选票)交易更加猖獗。为了规避法律,候选人采取了更巧妙、更隐蔽的方法。当时,司法省调查课在一份题为《选举犯罪研究》的报告中指出:"第三届(普选以后)大选一开始,便坚决按规定实行普选。因此,有选举权者激增,并对其严格管理,禁止了串户访问……收买方法逐渐变得巧妙了,想方设法摆脱法网的束缚,贿选组织如今变得像党支部一样到处活动……各地纷纷组织起以候选人为中心的政治团体,随着选举的进程开展选举活动,进行收买或组织候选人的后援会,以后援会成立式的名义堂堂设宴招待大家,以逃避法网。"③

由于住户访问、口头和书面宣传等直接的选举作战受到法律的严格限制,意图收买选票的候选人就不得不采取迂回的方式网罗选民:先邀请具有选举权的人加入自己的后援会,再通过设宴款待、金钱赠予等方式笼络这些入会成员,最终达到收买选票的目的。这样,组织后援会就变成了候

---

① 〔日〕升味准之辅:《日本政治史(第三册)——政党的凋落、总力战体制》,董果良、郭洪茂译,商务印书馆,1997,第 619 页。

② 李海英:《日本国会选举》,世界知识出版社,2009,第 36 ~ 37 页。

③ 〔日〕升味准之辅:《日本政治史(第三册)——政党的凋落、总力战体制》,董果良、郭洪茂译,商务印书馆,1997,第 619 页。

选人规避法律进行收买活动的重要手段。

其次，通过吸收地方有名望的人士加入后援会来扩大政治家的影响力，从而实现拉票的目的，是后援会的另一功能。一般来说，国会议员、地方议员的得票基础，是"各自选区的名望家阶层"，[①] 亦即当地那些具有良好声誉和较强社会影响力的人。一旦这样的名望家加入到候选人的后援会，就意味着候选人的品行与能力得到了权威的肯定。因此，邀请名望家担任自己的后援会会长或骨干，利用名望家的影响力进行选举宣传，无疑成为候选人拉选票的有力武器。

二　近代日本政治家后援会形成的直接原因

尽管目前能够搜集到的关于二战以前日本政治家的后援会的资料非常有限，但我们仍旧能够通过一些资料的碎片，找到一些后援会形成的原因：如众议院议员中选区制、中央对地方的财政控制等。

（一）众议院议员中选区制

1925 年《普通选举法》导入了日本独特的中选区制，即每个选区选举产生 3～5 名议员。导入中选区制，与其说是出于理论的原因，不如说是出于现实的需要。1924 年日本发生了以实施普选、建立政党内阁为目标的第二次护宪运动，并于当年 6 月成立了由加藤高明担任首相、由护宪三派（政友会、宪政会和革新俱乐部）组成的护宪内阁。《普通选举法》正是在该内阁时期制定并在议会获得通过，兼顾了当时执政的护宪三派的利益。这一点，正如当时内务省地方局事务官所言："因为是护宪三派内阁，所以无论如何要使三派都觉得自己能够在选区中当选。但是在 3 人区，就难以做到这一点。也有 4 人区的地方。例如在鸟取县之类的地方，如果把全县分成两个选区，就只能选出 2 人。因此，在那些地方采用 4 人区。再如在岛根县或山梨县，就不得不采用 5 人区……由于这种缘故，决定采用 3 人至 5 人选区制。"[②]

---

① 〔日〕升味准之辅：《日本政治史（第三册）——政党的凋落、总力战体制》，董果良、郭洪茂译，商务印书馆，1997，第 632 页。

② 《狭间茂氏谈话速记录》，第 73～75 页，引自〔日〕升味准之辅《日本政治史（第三册）——政党的凋落、总力战体制》，董果良、郭洪茂译，商务印书馆，1997，第 573 页。

尽管中选区制满足了当时护宪三派的利益，却给日本的政治发展留下了无穷的后患。1925 年 5 月，革新俱乐部发生分裂，犬养毅等人并入政友会，从而使政友会在众议院的议席增加。① 众议院中政友会、宪政会和革新俱乐部三足鼎立的局面就此结束。1927 年 6 月，宪政会与政友本党联合，组成立宪民政党，② 由此开启了立宪民政党与政友会两大政党长期对立的局面。由于每个选区的议员定额为 3 ~ 5 名，立宪民政党和政友会为了在议会中比对方占有更多的席位，就不能满足于在每个选区只争得 1 个席位的状况，因而开始在每个选区内支持 2 名或 2 名以上的候选人。这样，在一个选区内，出现了同一政党的两位候选人互相竞争的状况。由于从政党处得到的选举资源难分伯仲，候选人为了在选举中脱颖而出，就开始积极组织属于自己的支援团体——个人后援会组织。在众议院议员中选区制下，后援会作为候选人的个人选举资产成为他们赢得选举的重要保障。

（二）中央对地方的财政控制

在中央集权的君主立宪政体下，中央政府以税收作为取得财政收入的主要途径，再依据全国的总体情况对各个地方进行财政拨款，③ 而各个地方所得款项的多寡在很大程度上取决于该地区的当选议员在中央的活动能力。

活动能力强的众议院议员，通过从中央争取财政资金发展地方的基础设施等方式，给地方带来了切实的福利，得到了民众的广泛支持和认同。作为报答，民众愿意成为这样的候选人的支持者——在未来的选举中继续投票给该议员，加入他的支援团体，甚至是加入其所在的政党。

地方议员希望在其任期内，通过当地选出的国会议员为当地争取到更多的财政拨款，为自己的连任奠定基础。也就是说，地方议员希望取得当地选出的国会议员的帮助。与此同时，国会议员在当选以后要将一部分时

---

① 〔日〕北冈伸一：《日本政治史：外交与权力》，王保田、权晓菁、梁作丽、李健雄译，南京大学出版社，2014，第 103 页。〔日〕升味准之辅：《日本政治史（第三册）——政党的涸落、总力战体制》，董果良、郭洪茂译，商务印书馆，1997，第 574 页。

② 〔日〕北冈伸一：《日本政治史：外交与权力》，王保田、权晓菁、梁作丽、李健雄译，南京大学出版社，2014，第 103 页。

③ 〔日〕石原信雄：《日本新地方财政调整制度概论》，米彦军译，尹晓亮、王美平校，社会科学文献出版社，2016，第 15 ~ 18 页。

间与精力投入到国会的事务中去，对维持同家乡选民的关系往往力不从心。对这些国会议员而言，与自己选区内那些拥有广泛社会关系的地方议员保持密切关系不仅有利于稳固自己的票田，还对其在下一届大选中获得连任具有积极意义。因此，国会议员逐渐与其选区的地方议员们建立起了密切的关系。其中最直接、最重要的表现，就是很多地方议员成为国会议员的后援会的骨干力量。

由此可见，在日本近代选举制度形成与发展的过程中，众议院议员中选区制、中央对地方的财政控制等因素共同催生了政治家的后援会组织，成为近代日本政治家后援会形成的直接原因。

三　对近代日本政治家后援会的评价

（一）后援会某种程度上成为政治家的拉票组织

伴随着选举制度在日本的产生与发展，各个政党组织也开始活跃起来。然而，在以天皇为中心、以行政权为主导的帝国体制下，尽管选举权不断扩大，法律对候选人和政党活动的管制却也在不断加强，特别是《治安维持法》赋予了政府干预选举事务的权力，使中央政府能够在全国范围内对选举活动进行干涉。"如果（政府）想让某人落选，就派人尾随他，或者埋伏起来观察他的活动……如果想让谁当选，就放任其竞选工作人员自由行动。"[1]

在这样的体制下，政党要想获得执政权，最关键的不是得到选民的支持，而是得到帝国体系内政党之外的政治势力，也就是藩阀和官僚势力的支持。一些原本主张自由主义、民主主义的政党为了赢得选举而向现实政权妥协，逐渐丧失了其独立的政治个性；左翼的社会主义力量则由于得不到现实政权的支持，无法在选举中脱颖而出。与现实政权相抵触的政治表达受到限制，令国民无法自由地选出其利益的忠实代表者。"民主选举"失去原本的含义，国民对选举的热情逐渐减退。

---

[1]　内政史研究资料『堀切善次郎氏談話第二回速記録』，引自〔日〕杣正夫『日本選挙制度史：普通選挙法から公職選挙法まで』、九州大学出版会、1992 年、110 頁。括号里的内容由笔者根据上下文内容所加。

在这种情况下，候选人如何吸引对选举态度冷漠的选民参与投票呢[①]？"收买"逐渐成为政党之间、候选人之间争夺选票的一种有效手段。

"收买选票"不仅需要巨额的资金，更需要充足的人力，但薄弱的政党基层组织远远不能满足候选人在选举期间进行宣传、"收买选票"、拉票的需要。当时，相对于日益扩大的选举权来说，政党基层组织的发展是极为缓慢的。据统计，1925年《普通选举法》颁布后，日本有选举权的人数增加到原来的四倍，各个政党却几乎没有调整支部的组织或加强支部的活动。即使一些政党在这方面有所计划，也没有取得成果。[②] 换言之，为了赢得选举，候选人需要得到几倍于原来的选票数目，而政党却无力从党内划拨更多的人力帮助候选人开展助选活动。为了减少政党基层组织薄弱带来的不便、尽可能多地争取到选票，政治家们除了临时雇用掮客以外，纷纷建立属于自己个人的、相对较为稳定的后援会组织，经营自己的选举地盘。后援会组织也由此逐渐成为政治家与选民之间沟通的渠道。

然而，尽管后援会加强了政治家与选民之间的联系，但它作为选民政治表达通道的作用却是非常有限的。

如图2-2所示：一方面，作为选举权的主体，国民丧失了通过当选议员表达自己的利益诉求的热情。在以天皇为中心的政治体制下，帝国议会、内阁等机构均从属于天皇。面对国民日益强烈的民主诉求，议会通过修改选举法的方式对选举制度进行调整：一边扩大选举权，一边加强对政党、候选人的管制。与此同时，议会还通过《治安处罚法》等法律赋予政府干预选举的权力。在这样的情况下，虽然存在民主选举的形式，国民却无法自由地选出其利益的忠实代表，特别是那些与现实政权相抵触的政治表达受到严格的限制，"民主选举"失去了原本的含义。因此，尽管选举权在不断扩大，国民通过参与投票、选举政治家的方式表达自己利益诉求的热情却在逐渐降低。能调动选民投票热情的不再是候选人的政治主张，而是金钱。

---

① 李海英：《日本国会选举》，世界知识出版社，2009，第50页。
② 〔日〕升味准之辅：《日本政治史（第三册）——政党的凋落、总力战体制》，董果良、郭洪茂译，商务印书馆，1997，第627~628页。

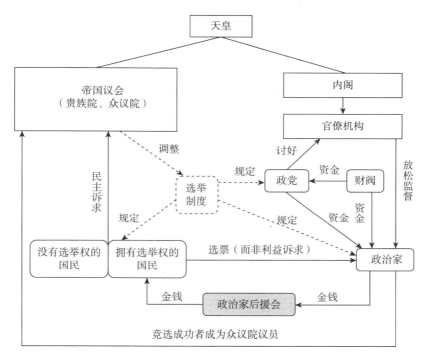

图 2 - 2　近代选举制度下的政治家后援会生态

资料来源：由笔者绘制。

　　另一方面，对于候选人来说，选举成功的决定因素不是他能否提出获得选民支持的政策主张，而是能否获得政党和财阀的支持。日本政治家、曾在加藤高明内阁担任农林大臣的冈崎邦辅在《宪政回忆录》中这样写道："进行大规模的收买，且在全国范围内实行，始自大隈内阁的大选（1915年）……无论见识如何卓越的政治家，或者人格多么高尚的人，也不能空手参加竞选。而在筹集资金时，又可能不量力而行。"① 由于直接或间接收买选票成为选举活动的主要手段，候选人要赢得选举，仅仅依靠自己的资金力量是远远不够的，还必须依靠政党和财界的大量资金援助。在这种情况下，政党在为候选人提供政治资金的同时，还经常通过与藩阀、官僚势力的关系，令官僚结构在一定程度上放松对该候选人的选举活动的监督，

---

①　〔日〕冈崎邦辅『憲政回顧録』、福岡日日新聞社東京聯絡部、1935年、173 - 179頁。

从而保证候选人能够顺利完成对选民的"收买"活动。

因此，在日本近代政治体制下，无论选民还是政治家都丧失了在议员选举中忠实表达国民政治诉求的兴趣，尽管后援会成功建立起了政治家与选民之间沟通的渠道，但它作为国民政治表达通道的作用却是非常有限的。

后援会的存在，使候选人得到了更多的人力资源从事"收买"选民的活动，解决了选举活动中人手不足的问题。借助后援会，一些候选人将"收买"活动冠之以社团活动的名义，令"收买"活动更加具有隐蔽性。就这样，在近代日本选举政治中，后援会在某种程度上成为政治家的拉票组织。

（二）后援会助长了政治腐败

前面已经提及，在日本近代选举制度中，决定候选人当选的最重要因素是获得政党和财阀的支持。图2-3简要勾勒了财阀、政党、政治家、选民四者之间的相互关系。财阀一般握有大量资金，它所支持的对象，既包括政党，也包括政治家个人。

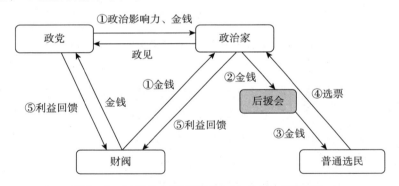

图2-3 近代日本选举政治中的"金—权关系"

资料来源：由笔者绘制，图中序号表示事件发生的先后顺序。

从政党层面看，一旦财阀所支持的政党成为执政党或是在议会中占有相对多数席位，就能通过推动有利于财阀的政策实现对财阀的利益回报。在近代日本政党政治的发展过程中，在立宪政友会与三井财阀之间、立宪民政党与三菱财阀之间就长期存在着这样的权钱交易关系。

从政治家层面看，政治家要在选举中获胜，就必须得到大量的资金支持。这些资金，一部分来自政治家所属的政党，还有一部分来自财阀。

图 2-3 中的序号表明了财阀、政治家、选民之间利益交换发生的顺序。①政治家从政党、财阀手中得到资金。②政治家组织后援会；③政治家利用后援会的组织优势广泛地"收买"选民。④用金钱换取选举中选民对政治家的投票。⑤一旦政治家成功当选，就积极在议会中推动有利于财阀的政策，从而实现对财阀的利益回馈。

从本质上看，财阀与政党、政治家的利益交换是"金"—"权"政治，政治家与选民之间的利益交换也是一种"金"（金钱）—"权"（选举权）政治。可见，在近代日本选举政治，已经出现了"金—权政治"的雏形。

政治家的后援会组织恰恰助长了这种"金—权"政治的发展。作为联系普通选民与政治家之间的渠道，后援会的存在大大便利了政治家对选民的收买行为。政治家与选民之间"钱"（金钱）、"票"（选票）交易越顺畅，政治家对金钱的渴求就越迫切。对此，1930 年 2 月 7 日《东京日日》报纸上的新闻社论曾经描述道："事实上，整个选区里没有受到收买行为影响的选民简直屈指可数。选民尽想着占候选人便宜，而候选人则因花费甚巨，当选后自然不会仅仅搞些空虚的政治参与，目标直奔'利权'而去。于是，个人也罢、政党也罢，发生震惊社会的贪污渎职事件也就顺理成章了。"① 在近代日本的选举政治中，政治家后援会已经成为"金权政治"的一环。后援会作为政治家拉票组织广泛存在，严重地助长了政治腐败。

从明治维新到第二次世界大战结束，真正意义上的民主选举体制并没有在日本建立起来。在"天皇权力高于一切"的君主立宪政体下，三权分立严重失衡，尽管民众的选举权在各种社会力量的推动下不断扩大，但议会政治、民选众议院始终被置于天皇的绝对权力之下。由于"天皇绝对权力"与"国民自由选举权"之间存在着根本性的矛盾，选举法的修改只是权力主体释放国内群众民主诉求和社会压力的阀门，无法真正实现政治民主化。在国民选举权不断扩大的过程中，众议院议员中选区制与中央政府对地方的财政控制共同催生了以候选人为中心的后援会组织。后援会成为候选人的拉票组织，严重助长了近代日本政治中的腐败现象。

---

① 『東京日日』1930 年 2 月 7 日。杣正夫『日本選挙制度史：普通選挙法から公職選挙法まで』、九州大学出版会、1992 年、106-107 頁。

第三章　战后日本政治家后援会的再生与发展（1945～1994年）

第一节　战后日本选举政治的再次确立

一　战后日本资产阶级民主主义政治体制的确立

（一）战后初期的民主化、非军事化改革

1945 年 8 月 15 日，日本宣布无条件投降。美国以"盟军"的名义对日本实行单独占领。9 月，盟军最高司令官总司令部（GHQ）（以下简称"盟军总部"）移至日本。作为盟军最高司令官，麦克阿瑟被授予了至高无上的权力。当月 22 日，经过杜鲁门总统批准的《日本投降后美国初期对日方针》由美国政府正式公布，确立了在日本推行"非军事化"和"民主化"政策的基本精神。[①]

"非军事化"政策首先被推行。1945 年 9 月，美国占领当局发布了第 1号指令，宣布解散日本陆军、海军、空军，并解除所有日本军队武装，强行规定停止军工生产，废弃有战斗力的军备。截至当年 10 月，日本本土336 万日军被解除武装。截至 1946 年底，海外 375 万日本军人的解散与复员工作基本完成。大量军事机构、军事科研机构被解散。在乡军人会、大日本政治会、大政翼赞会、翼赞政治会等 147 个法西斯军国主义团体也被解散。[②]

与"非军事化"政策同时推行的"民主化"政策，涉及日本的政治、

---

① 塩田庄兵衛［ほか］编『戦後史資料集』、新日本出版社、1984 年、198 頁。
② 刘宗和：《日本政治发展与对外政策》，世界知识出版社，2010，第 65～67 页。

经济、教育等各个领域。

　　在政治领域，主要实施了惩办战犯、废除军国主义治安法令、释放政治犯、解除公职等政策。

　　首先，逮捕和审判战犯。盟军总部于 1945 年 9 月发布了逮捕战犯的命令，包括东条英机、岸信介、荒木贞夫、土肥原贤二、板垣征四郎在内的 100 多名甲级战争嫌疑犯被逮捕。1946 年 1 月远东国际军事法庭正式设立。历经两年半的审判，100 多名甲级战犯嫌疑人中，28 名被起诉，其中 7 名被判处绞刑，18 名被判处终身监禁或有期徒刑，1 名因患精神病中止审判，2 名因在审判期间死亡免于追究。①

　　其次，废除军国主义法令，大批政治犯获得释放，人民获得自由民主权利。1945 年 10 月 4 日，"盟军总部"发布了《关于言论及新闻自由的备忘录》、《关于日本新闻规则的备忘录》、《废除对新闻、电影、通讯的一切限制的法令》、《关于废除对政治、公民、宗教自由限制的备忘录》以及《治安警察法》、《治安维持法》等 13 个法令，摧毁了法西斯军国主义对新闻、政治的控制，② 标志着日本向民主化的道路迈出了重要一步。1945 年 10 月，2400 名政治犯和思想犯从全国各个监狱获释。其中包括在狱中度过 18 年的日本共产党员德田球一和志贺义雄。同年 12 月，日本历史上第一部承认工人有建立工会的自由和团结斗争的权利的法律——《劳动组合法》公布。1946 年元旦，在"盟军总部"的劝告下，裕仁天皇发布了《人间宣言》，将日本民族从"天皇神格"的桎梏中解脱出来。③

　　最后，解除公职。1946 年 1 月 4 日，盟军总部向日本政府下达了《关于解除不适宜从事公务者公职之备忘录》和《关于废除政党、政治结社、协会及其他团体之备忘录》，这就是使日本政府感到震惊的"解除公职令"。"解除公职令"的整肃对象包括：战犯、职业军人、谍报机构和宪兵队的官兵及军属，极端国家主义团体、暴力团体及秘密爱国团体的骨干分子，大政翼赞会、翼赞政治会、大日本政治会的骨干分子，南满洲铁道株式会社

---

① 王振锁、徐万胜：《日本近现代政治史》，世界知识出版社，2010，第 202 页。
② 刘宗和：《日本政治发展与对外政策》，世界知识出版社，2010，第 72 页。
③ 赵建民等：《日本通史》，复旦大学出版社，1989，第 333 页。

（简称"满铁"）、东洋拓殖公司等与日本扩张有关的开发机构及金融机构的高级职员，殖民地与占领地的行政长官，其他军国主义者和极端国家主义者。① 1946 年 2 月，第一次解除公职行动开始，日本的政党、议会、政府各部门均受到审查与整肃。在 1946 年举行众议院选举前，盟军总部不仅在选举之前对候选人进行"事前审查"，还在大选结束后，发布了《关于国会议员的解除与排除》的备忘录，使当时准备组阁的众议院第一大党的总裁——鸠山一郎成为解除公职的对象。1947 年 1 月"扩大公职解除令"公布实施，将解除公职的范围进一步扩大：在中央从政界扩大到经济界和言论界，在地方从都、道、府、县扩大到市、町、村。据统计，在解除公职运动中，共有 208926 人成为被整肃的对象（其中有 148 人请求复审后免于整肃，所以实际遭到整肃的全部人数为 208778 人）。② 其中，军人占79.6%，政治家占 16.5%，超国家主义者占 1.6%，官僚占 0.9%，企业界占 0.9%，言论报道界占 0.5%。③ 尽管解除公职政策后来由于美国对日政策的转变而虎头蛇尾，但通过实施这一政策，1945 年以前积极参与日本侵略扩张政策的人物被剥夺了参政资格，为战后日本政治朝着自由、民主的方向发展提供了有利条件。

在经济领域，解散财阀和农地改革是民主化政策的主要内容。

财阀是日本法西斯军国主义的经济基础。1945 年 10 月，盟军总部命令三井、三菱等 15 家日本财阀提交关于营业内容和资本结构的报告，并冻结其资本。在美国的督促和压力下，日本政府于同年 11 月发布了《关于解散控股公司问题》的声明，宣布解散控股公司、排除财阀家族对企业的控制、分散财阀股票等。④ 财阀解散计划由此开始实施。通过解散财阀，日本经济体制由原来的资本和经营结成一体的体制转变为资本与经营相对分离的新体制。同时，由于控股关系被切断，战后日本的产业结构发生了改变。原来的子公司成为独立公司，具有了经营的独立性与灵活性。解散财阀不仅

---

① 中村尚美、君岛和彦、平田哲男编『史料日本近现代史·Ⅲ』、三省堂、1985 年、28 页。引自王振锁、徐万胜《日本近现代政治史》，世界知识出版社，2010，第 204 页。
② 增田弘『公职追放：三大政治パージの研究』、東京大学出版会、1996 年、16 – 17 頁。
③ 歴史研究会编集『日本同時代史·敗戦と占領』、青森書店、1990 年、126 頁。
④ 赫赤、关南、姜孝若：《战后日本政治》，航空工业出版社，1988，第 42 ~ 43 页。

革除了日本垄断资本主义中基于血缘的、家族的封建主义因素，还消除了财阀家族以股票垄断经济的控股关系的可能，防止了垄断的复活。[1]

在解散财阀的同时，农地改革也如火如荼地开展起来。明治维新以后建立的土地私有制，令大量无地或少地的农民不得不租种地主的土地。高额的地租导致农民饥寒交迫、无力扩大再生产，阻碍了农业生产的发展。不仅如此，农民消费水平低、国内市场狭小还成为军国主义对外扩张的原动力之一。战后，农地改革成为革除军国主义经济基础的重要内容。农地改革要求所有不在地的地主把两英亩以上的耕地转卖，而自己耕种的土地所有者则可以保存 7.5 英亩的土地。500 万英亩的耕地因此而易手，自耕的土地一下子由所有土地的 53% 上升到 87%。[2] 农地改革废除了农村半封建的生产关系，基本实现了小农化，从根本上铲除了军国主义的经济基础。值得注意的是，经过农地改革，原来握有大量土地的地方名望家阶层被破坏，[3] 对农村社会关系的发展产生了深远的影响。

在教育领域，1945 年 10 月，"盟军总部"民间情报教育局公布了《关于日本教育制度的政策》的备忘录，接着又发布了《关于教员和教育行政官的调整、解职、任命问题》的指令，要求删除教材中有关军国主义和超国家主义的内容，普及符合和平与人权的思想。数千名具有军国主义和超国家主义思想的教员被解除职务，一部分反对军国主义、主张自由主义的知名教授被恢复职务。[4] 1947 年 3 月《基本教育法》颁布，规定教育要培养具有独立人格、热爱科学、追求真理、正义的人才，尊重学术自由，反映了民主主义教育的基本原则，[5] 彻底粉碎了战前建立的军国主义思想的教育体系。

非军事化政策以及在政治、经济、教育领域实施一系列的民主化改革，

---

① 刘宗和：《日本政治发展与对外政策》，世界知识出版社，2010，第 70 页。
② 〔美〕约翰·惠特尼·霍尔：《日本：从史前到现代》，邓懿、周一良译，商务印书馆，1997，第 271 页。
③ 〔日〕升味准之辅：《日本政治史（第四册）——占领下的改革、自民党的统治》，董果良、郭洪茂译，商务印书馆，1997，第 839 页。
④ 王振锁、徐万胜：《日本近现代政治史》，世界知识出版社，2010，第 203～204 页。
⑤ 刘宗和：《日本政治发展与对外政策》，世界知识出版社，2010，第 73～74 页。

使日本战前的国家统制体制迅速解体，为战后新的资产阶级民主主义政治体制的建立扫清了道路。

（二）新宪法的制定

1889 年制定的《大日本帝国宪法》奠定了近代日本天皇极权的政治体制，战后，颁布新宪法以改革政治制度成为日本政治改革的重要内容。

战后日本新宪法的制定，是在"盟军总部"的直接干预下实现的。1945 年 10 月，麦克阿瑟在接见刚上任的日本首相币原喜重郎时，提出了"五大改革指令"：①赋予妇女参政权；②鼓励成立工会组织，加强工人发言权；③实行教育自由化；④废除专职机构；⑤促进经济制度民主化。① 与此同时，麦克阿瑟还提出："为了改变日本的传统秩序，宪法的自由主义化也是必要的"，② 并指令日本政府起草新宪法草案。此后，尽管币原内阁成立了以国务大臣松本烝治为首的宪法问题调查委员会，但该委员会却极力维护天皇专制主义制度，对修改旧宪法持消极态度。

1946 年 1 月，美国政府为日本新宪法的制定确立了基本原则，即"天皇制的去留要取决于日本国民的自由意志，如若保留天皇制，也不许天皇有任何实权。"盟军最高司令官麦克阿瑟认为，"天皇具有超过 20 个师团的战斗力"，如果对天皇处理不当，"可能引起日本人反抗美军占领"。为使占领统治顺利进行，需保留天皇和天皇制。③ 除以上对天皇的处理原则之外，麦克阿瑟还提出了另外两项原则，一是放弃战争这一国家主权，放弃以战争作为解决纠纷保护自我安全的手段，不允许日本拥有陆军、海军、空军，否认交战权；二是废除日本封建制度，除了皇族，华族的权力仅限于现在活着的一代人。今后即使授予华族的称号，也不包括公民的政治权利。④ 根

---

① 田中浩『戰後日本政治史』、講談社、1996 年、97 頁。引自王振锁《战后日本政治史》，人民出版社，2004，第 39 页。

② 中村尚美、君島和彦、平田哲男编『史料日本近現代史・Ⅲ』、三省堂、1985 年、23 頁。引自王振锁、徐万胜《日本近现代政治史》，世界知识出版社，2010，第 213 页。

③ 中村尚美、君島和彦、平田哲男编『史料日本近現代史・Ⅲ』、三省堂、1985 年、41 頁。引自王振锁、徐万胜《日本近现代政治史》，世界知识出版社，2010，第 213 页。

④ 中村尚美、君島和彦、平田哲男编『史料日本近現代史・Ⅲ』、三省堂、1985 年、41 頁。引自王振锁、徐万胜《日本近现代政治史》，世界知识出版社，2010，第 213 ~ 214 页。堀幸雄『戰後政治史（一九四五 - 六〇）』、南窓社、2001 年、54 頁。

据上述精神，"盟军总部"民政局起草了《日本国宪法草案》，规定"皇帝是国家的象征，又是国民统一的象征"，"不拥有政治上的权限"；日本"绝不允许设置陆、海、空军及其他战斗力"，"废弃作为国家主权的战争"。①在占领当局的强大压力下，《日本国宪法》（又被称为"和平宪法"或"1946 年宪法"）于 1946 年 11 月 3 日公布，并于 1947 年 5 月 3 日正式实施。

新宪法的主要内容有：废除封建专制的天皇制，建立以国民主权为基础的象征性天皇制，规定"主权属于国民"；效仿欧美资产阶级议会民主制，建立以立法、司法和行政"三权分立"为基本原则的议会内阁制，改革司法制度；确立人权与自由观念；确立地方自治制度；明确规定放弃战争的条款。

特别值得注意的是，在国会两院——众议院与参议院——的关系上，新宪法做出了明确的规定："国会是日本国家最高权力机关和唯一的国家立法机关。国会实行两院制，参议院议员任期为 6 年，众议院议员任期为 4 年。宪法规定，除非在众议院被解散时期参议院召开紧急会议，两院应同时活动，即两院的统一意志是为国会的意志。"②"如果两院的意见不一致，则进行协商；协商不成，在一般情况下众议院的意志高于参议院。例如，在法律草案的表决方面，如果法案被参议院否决，只要众议院再次以三分之二多数通过，即成为法律。又如，在预算审议和表决方面，如果两院意见不一致，可以召开两院联席会议协商，如果意见仍然不一致，则以众议院决议为国会之决议。再如，在条约批准以及内阁总理的提名方面，如果两院表决结果不一致，其处理程序与预算表决相同。"③但在宪法修订方面，两院权限相等。新宪法规定，"修改宪法的动议须分别获得两院议员三分之二的赞成方能得以通过。"④

从新宪法的上述条款可以看出，众议院与参议院的关系主要有三个特点：第一，两院之中任何一个都不能单独代表国会意志，两者的统一意志

---

① 中村尚美、君岛和彦、平田哲男编『史料日本近现代史・Ⅲ』、三省堂、1985 年、41 頁。

② 《日本国宪法》第五十四条第二款。

③ 《日本国宪法》第九十六条第一款。

④ 《日本国宪法》第九十六条第一款。

方为国会的意志；第二，在讨论一般法律草案时，一旦两院意见相左，众议院的意志高于参议院的意志；第三，在修改宪法方面，两院的权限相同，均需超过三分之二的赞成票方可通过。宪法条款的该项规定，增加了未来日本宪法修订和改动的难度，确保了《日本国宪法》的相对稳定。

新宪法对明治以来的政治体制做出了重大变革，革除了政治制度中严重存在的封建主义、法西斯军国主义等因素，贯彻了民主主义、和平主义、权力分立主义原则，集中反映了资产阶级思想理论体系，是一部比较完整的资产阶级宪法。它从根本上改变了日本国的政治结构，确立了资产阶级民主主义的政治体制。

二 战后日本选举制度的确立与调整

1946 年颁布的《日本国宪法》对"国会"做出了如下规定："国会是国家权力的最高机关，是国家唯一的立法机关。国会由众议院、参议院两院构成。"① "众议院议员的任期为四年。但在众议院解散时，在其任期期满前告终……参议院议员的任期为六年，每三年改选议员之半数……关于选举区、投票方法以及其他选举两院议员的事项，由法律规定之。"② 为了确立国会两院议员的选举方式，制定新的选举制度成为战后初期日本民主化改革的一项重要内容。

（一）众议院议员大选区制

1945 年 12 月，日本国会两院通过了《众议院议员选举法修正案》。该修正案规定享有选举权的公民年龄从 25 周岁降至 20 周岁、享有被选举权的公民年龄从 30 周岁降到 25 周岁，女性也获得了相同的选举权和被选举权。③ 根据 1946 年 4 月的人口调查，当时具有选举权者为 3687 万人，约占全国人口总数（7580 万）的 48.6%。④ 选举区采用大选举区制，原则上以都、道、府、县为单位，但在议员数额超过 14 名的地区分为两个选区。结

---

① 《日本国宪法》第四十一条、第四十二条。
② 《日本国宪法》第四十五条、第四十六条。
③ 王新生：《现代日本政治》，经济日报出版社，1997，第 3 页。
④ 北冈伸一『自民党：政権党の38 年』、読売新聞社、1995 年、21－22 頁。

果全国分为53个大选举区（每个选区分别选举2～14名议员），共选举产生466名众议院议员；投票方式采用有限连记投票制，即在选举3名议员以下的选区每位选民只能选举1名候选人，选举4～10名议员的选区每位选民可选举2名候选人，选举10名议员以上的选区每位选民可选举3名候选人；[①] 开放第三者从事选举活动的自由，取消个别谈话以及电话从事选举活动的限制，规定由地方首长公告或揭示候选人姓名等。

从内容上看，首先，《众议院议员选举法修正案》不仅降低了对选民和候选人的年龄限制，还赋予了女性选举权。这意味着，从1889年日本第一部选举法的制定到1945年《众议院议员选举法修正案》的颁布，历经半个多世纪，日本终于实现了真正意义上的"普选"。其次，它改变了1925年《普通选举法》确立的中选区制，转而实行大选区制。再次，它放宽了对选举期间宣传活动的限制，令选民拥有了更多了解候选人的途径。

根据这一选举法修正案，1946年4月10日，日本举行了战后第一次众议院选举。在这次大选中，候选人达到2770名，相当于众议院议员总定额（466人）的5.94倍。其中，首次参选的候选人2624名，女性候选人97名。参加竞选的政党共计353个。[②] 有的地区仅一个府县就有340个政党的候选人参选。一人一党的政党数目达到184个。[③] 经过这次选举，日本自由党获得140个议席，日本进步党获得94个议席，社会党获得92个议席，分别成为众议院中的第一、第二、第三大党；日本共产党首次进入国会，拥有众议院5个议席。[④] 然而，由于在本次选举中任何政党都未取得众议院的多数席位，因此均不能单独组阁。

（二）众议院议员中选区制

大选区制实施以后，出现了小党乱立、革新政党迅猛发展的局面。面对这种情况，保守系三政党（自由党、进步党、国民协同党）共同推动国

---

① 沖野安春『現代日本の政治：制度と選挙過程』、芦書房、1995、133頁。
② 王振锁、徐万胜：《日本近现代政治史》，世界知识出版社，2010，第211页；堀幸雄『戦後政治史（一九四五－六〇）』、南窓社、2001年、89頁。
③ 张伯玉：《日本政党制度政治生态分析》，世界知识出版社，2006，第245页。
④ 王振锁、徐万胜：《日本近现代政治史》，世界知识出版社，2010，第212页；堀幸雄『戦後政治史（一九四五－六〇）』、南窓社、2001年、89頁。

会于 1947 年 3 月再度通过了由内务省制定的新《众议院议员选举法修正案》。该选举法修正案规定：将大选区制改为中选区制（即每个选区选举 3～5 名议员），全国划分为 117 个选区（其中选举 3 名议员的选区数目为 40 个、选举 4 名议员的选区数目为 39 个，选举 5 名议员的选区数目为 38 个），共选举产生 466 名众议院议员。由各级议会议员选举管理委员会代替地方首长管理选举事宜；取消有限连记投票制，恢复无记名单记投票制；候选人保证金被提高至 5000 日元。①

通过再次修改选举法，大选区制被改为中选区制：全国选区数目由原来的 53 个增加到 117 个，每个选区的议员定额减少为 3～5 名。从客观上来说，中选区制有利于拥有资源（资金、人力等）优势的大党在议会中获得更多的席位。与此同时，候选人参加选举保证金额度的提高也减少了候选人过多的混乱情况。此后的几十年中，尽管选区数目、议员定额均有所调整，但保持了中选区制的长期稳定。从 1947 年中选区制确立到 20 世纪 90 年代选举制度改革前的最后一次选举，日本在中选区制下共举行了 17 次众议院选举。②

三　战后日本选举制度的特点

（一）长期实行中选区制

在新的《众议院议员选举法修正案》颁布的同年，《参议院议员选举法》也被通过。该法律规定：参议院议员选举实行与众议院议员选举大体相同的制度：参议院议员总定额为 250 名，其中 100 名为全国选出议员，即全国为一个大选举区，从中选出 100 名议员。150 名为地方选出议员，即以都、道、府、县为单位选区选举产生。③ 1982 年，日本国会再度通过法案，将参议院议员选举改为拘束名簿式比例代表制：各政党先将本党候选人名簿提交中央选举管理委员会，然后向选民公布。选民在投票时只能选择政党，不能选择候选人。各政党按得票比例分配议席，政党所属当选议员则

① 王新生：《现代日本政治》，经济日报出版社，1997，第 3 页。
② 沖野安春『現代日本の政治：制度と選挙過程』、芦書房、1995 年、133 頁。
③ 张伯玉：《日本政党制度政治生态分析》，世界知识出版社，2006，第 245 页。

按名簿排列的顺序决定。

由于在国会两院产生争议时，众议院的意志高于参议院的意志，且众议院中各政党的议员比例直接影响到内阁的产生，因此在历次大选中，众议院选举所受的关注程度一般要高于参议院。众议院议员大选区制在战后仅实行过一次（战后第一次大选：1946 年 4 月 10 日），就被中选区制所取代。自 1947 年确立中选区制到 1994 年选举制度改革之间的几十年里，长期实行众议院议员中选区制一直是日本选举制度的最主要特点。

（二）对选举活动的监管更加严密

1950 年，《众议院议员选举法》和《参议院议员选举法》被并入"适用于众议院议员、参议院议员、地方公共团体议会议员及首长之选举"的《公职选举法》。根据宪法精神，《公职选举法》对选举权及被选举权、选区及议员定额、选民名册、候选人、投票、开票、选举活动及选举费用、违反选举法的诉讼及惩罚都做了具体的规定和说明。

除此以外，《公职选举法》也规定了竞选费用申报制和最高限额制，即国会议员候选人应任命一名出纳负责人，负责有关竞选费用的收入与支出，并编制报告书，自选举之日起的 15 日内提交所属选举管理委员会。与此同时，《公职选举法》还规定了众议院议员候选人选举经费最高限额的具体计算方式：选举公告日登记在册的选民人数除以选区内议员定额，再按每位选民 7 日元相乘计算，例如人口 10 万～20 万的中等城市，最高限额大致为 44 万日元；在参议院选举中，参议院议员全国选区为每位选民 2.65 日元，地方选区的选举经费限额与议员定额相关：议员定额为一名的选区为每位选民 1.75 日元，议员定额两名以上的选区为每位选民 2.65 日元。①

由此可见，战后日本的选举法不仅加强了对选举程序、选举活动等方面的明确规定，甚至分别对众议院、参议院议员候选人的竞选费用的计算方法做出了明确的规定。从制度层面来看，选举法对选举活动的监管愈加严密。

---

① 王新生：《现代日本政治》，经济日报出版社，1997，第 4～6 页。

第二节　战后日本选举政治中的政治家后援会

如第一章中所分析的，政治家的后援会早在二战以前就已经在日本出现了，是以政治家为中心形成的支持者的集团。[①] 前文我们已经对二战以前日本政治家的后援会组织进行了分析：为政治家"收买"选票是当时后援会活动的主要内容。战后，随着资产阶级民主主义政治体制的诞生和选举制度的重新确立，选举政治在日本蓬勃发展，政治家的个人后援会组织再度出现。

一　战后政治家后援会的再生与发展

战后政治家个人后援会的最初形态，最早可以追溯至 1946 年中曾根康弘在家乡组织的"青云塾"。[②] 但在当时，它只是由一些刚刚步入政界的新人与政治上的"志同道合者"联合而成的团体，是新人步入政界的主要依靠力量。这与后来真正意义上的个人后援会相比，在组织形态上存在着巨大的差异。

20 世纪 50 年代，在日本经济高速增长和选举制度调整的刺激下，在备受集团主义文化影响的日本社会，开始出现了现代意义上的政治家个人后援会组织。在 1958 年的众议院选举中，自民党候选人首先发起了个人后援会。随后，在 1960 年大选时，社会党的议员候选人也开始组织后援会。到 1963 年地方选举时，地方议会的议员候选人也都纷纷效仿。[③] 到 1964 年，自民党国会议员的个人后援会数量已经达到 800 个左右。[④] 政治家的个人后援会蓬勃发展，组织性、系统性日益增强，逐渐形成了日本选举政治的一大特色。

如果说早期个人后援会的主要活动只是集中在城市与农村的结合地带

---

① 升味準之輔『現代政治——一九五五年以後』（下）、東京大学出版会、1985 年、385 頁。
② 佐藤誠三郎、松崎哲久『自民党政権』、中央公論社、1986 年、115 頁。
③ 王振锁：《自民党的兴衰——日本"金权政治"研究》，天津人民出版社，1996，第 38 页。
④ 福井治弘『自由民主党と政策決定』、福村出版、1969 年、192 頁。

（即中小城镇）① 的话，那么，此后的个人后援会组织则逐渐遍及全国各地，成为各位政治家最有力的集票组织。据统计，在 1986 年举行的第 38 届众议院选举中，议员候选人的个人后援成员占全体选民的 71.0%；在同期举行的第 14 届参议院选举中，候选人的个人后援会成员占 30.4%。在 1990 年举行的第 39 届众议院选举中，后援会成员的选票占自民党全部得票的 64.7%，社会党为 17.1%，公明党为 7.9%。②

由此可见，在战后几十年的日本选举政治中，个人后援会已经发展成为政治家赢得选举不可或缺的支持力量。为此，很多日本政治家非常重视自身的后援会力量，花费大量的时间、精力运营个人后援会，从而促进了后援会组织的进一步发展。

二　战后政治家后援会再生与发展的原因

（一）旧的社会秩序瓦解

伴随着 50 年代中期日本经济的高速增长，各地农村人口大量外流，农村地区面积缩小、城市地区面积扩大，不仅削弱了农村的传统秩序，也冲击了城市原有的传统秩序。旧有的人际关系和社会秩序受到冲击，名望家阶层也被逐渐打破，从而使得旧有的选举链条（国会议员—地方名望家—地方选民）逐渐瓦解。政治家不可能只利用旧秩序来间接控制选民，必须寻求组织选民的新方式。③

（二）政治制度变革

在政治层面，新的选举制度的影响逐渐凸显，催化了后援会的再生。

一方面，根据日本 1946 年颁布的《日本国宪法》，参议院议员与众议院议员均由选举产生。在选举权与被选举权方面，《众议院议员选举法修正案》规定，年满 25 周岁的公民享有被选举权，年满 20 周岁的公民享有选举权，女性也享有参政权和选举权。因此，选民人数大大增加。在 1946 年举行

---

① ジェラルド・カーティス、山岡清二、大野一訳：『代議士の誕生』、サイマア出版会、2009 年、196 - 201 頁、208 頁。

② 蒲島郁夫、山田真裕『後援会と日本の政治』、日本政治学会『1994：ナショナリズムの現在・戦後日本の政治』、岩波書店、1994 年、215 頁、217 頁。

③ 王振锁：《自民党的兴衰——日本"金权政治"研究》，人民出版社，1996，第 37 页。

的战后首次众议院选举中，选民就达到了 3687 万人，占总人口的 48.6%。①
尽管"选举工程"变大，政党的基层组织却依旧非常薄弱。

1945 年 11 月，战前的政友会、立宪民政党的一些派系组成了日本自由党、日本进步党，同年 12 月日本协同党成立。在此后几年里，几大政党经过多次分化改组，到 1954 年 11 月，形成了两个主要的保守政党——民主党和自由党。1955 年 10 月，社会党左、右两派重新统一成立日本社会党；同年 11 月，民主党与自由党合并、形成了单一保守政党——自由民主党，由此结束了战后日本政坛的多党纷争，开始了自民党长期执政、自民党与社会党两大力量长期相互竞争的局面，也被称为"五五体制"。

在各个政党分化改组频繁的情况下，各政党基层组织未能受到足够重视。以自由民主党为例，即使在其成立之后的很长时间里，党的基层组织仍旧非常薄弱，且活动内容不涉及众议院选举。从组织结构来看，自民党的基层组织仅由都道府县一级的支部联合会与市町村基层支部两级机构组成，② 缺少更细分的、能够有效动员选民的支部组织。

另一方面，随着 1947 年《众议院议员选举法修正案》的出台，大选区制③被中选区制所取代，即根据地域人口的比例，全国划分为 117 个选区，每个选区分配 3～5 名议员候选人名额。相较于以往的大选区制，中选区制大幅提高了选区数量，却令每个选区的议员候选人数量急剧下降。以前，在大选区制下的 53 个选区中，每个选区分配候选人名额从 2 名到 14 名不等，在各党派林立的情况下，由于选票分散，各政党只要合理部署选举地盘，即使在竞选区域内集中支持 2 名到 3 名议员，也能够在整个选区的得票中获得相对多数。例如，在 1946 年 4 月日本举行的战后第一次众议院选举中，由于各党派议员的票数过于分散，获得最多票数的自由党只以 140 票就在众议院取得了绝对的优势。然而在中选区制下，各选区议员名额减少为 3～5 名，在一个选区内同一政党的几名候选人之间相互竞争的局面开始

---

① 北冈伸一『自民党：政権党の38年』、読売新聞社、1995 年、21－22 頁。
② 李海英：《日本国会选举》，世界知识出版社，2009，第 181 页。
③ 根据 1945 年 12 月颁布的《众议院议员选举法修正案》，日本实行大选区制，按照地域人口的比例，全国划分为 53 个选区，各选区分配的候选人名额从 2 名到 14 名不等。

凸显。

尽管如此，政治家的个人后援会并没有随即出现。正如日本宪法学者曾经指出的，"新选举制度如何，大约要经过二、三次大选方可见分晓"①。几年后，特别是日本政治格局出现自民党长期执政、自民党与社会党两大力量长期相抗衡的"五五体制"以后，自民党为了在众议院获得半数以上的议席，必须在每个选区获得两个以上的席位。选区名额和党派数目同时剧减，导致候选人不仅要与其他政党的候选人相抗衡，与党内的其他候选人的角逐也变得更加激烈。对于自民党的成员来说，与党内其他候选人的竞争甚至更加激烈。由于他们从所属政党得到的竞选资源往往不分伯仲，难以借此决出胜负，为了寻找到更加可靠、稳固的支持力量，政治家们不得不着手建立属于自己的后援会组织。

（三）　中央与地方的财政关系

战后日本政治家后援会的再生，还与中央与地方的财政关系密切相关。

战后，以《日本国宪法》为基础、以 1947 年发布的《地方自治法》为中心，形成了日本的地方自治制度。此外，《公职选举法》、《地方公务员法》、《地方税法》、《警察法》、《地方公营企业法》等法律中也有许多涉及地方自治制度的条款。

在日本，地方自治体在法律上称为"地方公共团体"。地方公共团体分为两类，即"普通地方公共团体"和"特别地方公共团体"。其中，特别地方公共团体的数量极少，绝大多数都是普通地方公共团体。普通地方公共团体有都、道、府、县和市、町、村共两类七种。都、道、府、县是一种地域较为广阔的地方公共团体。现在全日本有 1 都、1 道、2 府和 43 县。都、道、府、县的名称由历史沿革而形成，四者在地位上没有本质区别。市、町、村是基层性的地方公共团体，在法律上它们与都、道、府、县之间没有隶属关系。在职能分工方面，都、道、府、县担负涉及地域范围的自治事务，市、町、村则担负本地区与居民生活密切相关的事务。市、町、村之间除了人口数量等指标有所不同以外，没有本质上的区别。②

---

① 〔日〕芦部信喜：《在〈日本国宪法〉50 年历程座谈会上的发言》，《法学家》第 1089 期。
② 包霞琴、臧志军：《变革中的日本政治与外交》，时事出版社，2004，第 6～7 页。

　　然而，战后日本的地方自治却长期名不副实，且受到极度制约，其中一个重要方面就是财政制约。在国家和地方的租税总额中，地方税长期占四成左右（除战后的短暂时期地方税占三成左右外）比重。而在国家和地方公共团体年度净支出中，地方公共团体的支出占比在六成以上。① 地方税税收收入和地方财政支出规模之间明显存在背离现象。② 为了弥补地方公共团体年度收入和年度支出之间存在的巨大缺口，每年度中央政府通过地方交付税③、国库补助负担金的形式将国税的一部分拨给地方，④ 即由国家向地方公共团体进行"转移支付"。在地方财政收入中，来自中央的财政转移支付占有重要地位。实施中央财政转移支付的主要目的是调节各个地方公共团体之间财政收入的不平衡，保障各地方公共团体有必要的财力履行其行政职能。这一做法成为中央干预和控制地方的主要手段。

　　其中，国库补助负担金是特别指定用途分配的补助金（其名称分为补助金、负担金、转移支付金、补贴费、扶助金、委托金等）。它是中央政府为确保有关重要公共服务达到全国标准（如义务教育、生活救济等），鼓励特定的事务、事业（如公共事业），应对特殊的财政情况（如灾害恢复），代办国家的事务（如国政选举）等，将其经费列入财政预算，并划拨给具体执行该项政策的地区公共团体等的资金。对于国库补助负担金的用途，地方公共团体基本没有自由裁量权。⑤ 由于各个地区的经济发展状况不同，从中央政府得到的国库补助负担金的额度存在着巨大的差异。在一些地区，如果地方公共团体不依靠国库补助负担金，几乎无法运营和活动，特别是地方税税收收入比例非常低的农村地区的地方公共团体，依靠国库补助负

---

① 〔日〕西尾胜：《日本地方分权改革》，张青松、刁榴译，社会科学文献出版社，2013，第6页。

② 〔日〕石原信雄：《日本新地方财政调整制度概论》，米彦军译，尹晓亮、王美平校，社会科学文献出版社，2016，第96页。

③ 地方交付税，是中央政府为了平衡各地区的财政收入，消除地方公共团体的财政能力差距，保证在经济发展水平较低地区也能维持一定行政服务水平，将国税的一部分作为公共财源转移给地方公共团体。地方交付税一般不指定特别用途。

④ 福岡政行『日本の政治風土：新潟県第三区にみる日本政治の原型』、学陽書房、1985年、86頁。

⑤ 〔日〕西尾胜：《日本地方分权改革》，张青松、刁榴译，社会科学文献出版社，2013，第6页。

担金的程度尤其高。①

由于在财源分配过程中，中央政府对国库补助负担金有较高的裁量余地，国库补助负担金就成为中央省厅诱导地方公共团体的政策朝着自身期待的方向发展的重要手段。与此同时，为了争取更多的国库补助负担金，各地方公共团体纷纷开展陈情竞争。② 在这一过程中，地方政治家与当地选出的国会议员之间保持密切的联络与协作至关重要。

战后地方财政高度依赖中央政府，导致地方议员纷纷投入到国会议员的麾下，成为其后援会成员。以政治家田中角荣的后援会"越山会"为例，在田中角荣的选区——新潟县第三区选出的 18 名县议员中，越山会成员一度达到 13 名；在新潟县第三区 33 个市町村的长官中，越山会的成员甚至达到 30 名。就这样，地方议员成为国会议员后援会的骨干力量，并通过自身的广泛人脉关系扩大了国会议员在当地的后援会组织。由此可见，中央对地方财政的控制是推动战后日本政治家后援会组织迅速发展的重要原因。

（四）集团主义文化

如果说战后旧有社会秩序瓦解、政治制度变革加剧、中央对地方的财政控制等因素共同催生了政治家后援会，那么，日本社会传统的集团主义文化就是后援会生长不可或缺的土壤。

日本学者中根千枝曾经指出，"家庭是一个聚居体，又是一个经营集团"，是"日本法人集团社会中，至关重要的单位"，更是"日本社会借以建立起来的基本原则"，③ 这就是日本独具特色的"家元"文化。"以家庭为基本单位"，衍生出了各种集团，以家庭为核心的意识又衍生出了以集团为核心的集团主义。可以说，集团主义文化在日本社会建构中起着举足轻重的作用，对千百年来日本政治、经济、文化的发展产生了潜移默化的影响，政治家个人后援会的生长亦不例外。对此问题，本书后文将专门进行分析。

---

① 今村奈良臣『補助金と農業・農村』、家の光協会、1978 年、64 -67 頁。
② 〔日〕西尾胜：《日本地方分权改革》，张青松、刁榴译，社会科学文献出版社，2013，第 6 -7 页。
③ 〔日〕中根千枝：《日本社会》，许真、宋峻岭译，天津人民出版社，1982，第 4、7 页。

20 世纪 40 年代末 50 年代初，旧的社会秩序解体、新的选举制度产生给当时的日本政治带来了巨大的冲击和挑战。在这样的背景下，受到传统集团主义文化影响的议员候选人为了赢得选举，更加渴望找到自己的支持力量、自己的政治"家元"。为此，他们一方面加入政党的某一个派阀，另一方面则大力发展个人后援会组织，并将个人后援会作为竞选获胜的重要保障。集团主义文化为政治家个人后援会的形成构建了牢固的文化心理基础。

就这样，50 年代后期，以旧的社会秩序瓦解、政治制度变革以及中央对地方的财政控制为催化剂，以千百年来的集团主义文化为土壤，现代意义上的政治家个人后援会组织开始在日本出现。

三　战后不同政党政治家的后援会

在日本战后选举中，各个政党的政治家纷纷建立了自己的后援会组织。这一部分将着重介绍在日本"五五体制"下长期执政的第一大党——自民党、第一大在野党——社会党的后援会组织。

（一）发达的自民党政治家后援会

日本政治学家升味准之辅将政治家的后援会细分为"加强型后援会"与"开发型后援会"[1]，前者指的是弥补政党基层组织薄弱造成的不足、增强政治家集票能力的后援会，后者指的是通过提出修建土木工程等政策设想、吸引选民的支持以达到分割竞争对手选举地盘的目的的后援会。在实践中，政治家的后援会往往结合了"加强"与"开发"两种功能。

正如前文所提到的，在 1945～1955 年的十年里，各个政党分化改组频繁。在此情况下，政党的基层组织普遍未受到足够重视。与此同时，工业化、都市化的快速发展导致传统社会关系的动摇。在政党基层组织不足的情况下，为了减少社会流动带来的浮动票、巩固传统的选举地盘，政治家们纷纷建立起了属于自己个人的"加强型后援会"。通过弥补政党基层组织薄弱造成的不足，后援会为巩固政治家选举地盘做出了贡献。

---

① 升味準之輔『現代政治——一九五五年以後』（下）、東京大学出版会、1985 年、385－386 頁。

在自民党成立以后的几十年里，尽管自民党曾经试图将政治家的个人后援会组织吸纳到政党的地方组织中，也曾试图增强自身的基层组织，但都遭到失败。后援会仍旧是政治家在地方最有力的集票组织。

最初，自民党总部试图整备和加强地方组织，却又无法抑制日益蓬勃发展的政治家个人后援会的活动，因此考虑将后援会纳入到政党的地方组织中来。1961 年 1 月，自民党提出了这样的组织活动方针："目前全国范围内，（本党政治家的）后援会会员人数已经超过了 1000 万人，因此有必要考虑将这些潜在的党员转化为正式注册党员的方法。"[1] 1963 年 10 月，自民党元老三木武夫在汇报中指出："在目前情况下，无法废除个人后援会的活动。一旦个人后援会的活动终止，就会给党的活动造成诸多障碍，因此必须在将来再想方设法把党员的个人后援会成员吸纳到党组织中来。在过渡期间，为了确保党组织与后援会的协作关系，要吸纳至少 500 名后援会骨干成员到党的地方支部注册、力求使他们积极协助党的活动。"[2] 然而，后援会成员名单凝聚了政治家的金钱与汗水，已经成为他们的私人政治资产和竞选成功的保障。对于政治家来说，将这些私人资产交给党组织甚至与其他的政治家一起分享几乎是不可能的。

在直接将后援会编入党组织的计划难以实现的情况下，自民党又采取了一系列措施来加强党的组织建设。1965 年 9 月，时任自民党干事长的田中角荣指出，自民党的在册党员当时约有 170 万人，但"地方的党组织……不能有效地发挥党的职能。为了克服这些缺点，使党总部和地方组织领导党员和党组织开展生机勃勃的活动，有必要采取地方驻在组织员的制度，使其成为党员活动的中心"。[3] 驻在组织员是为了在党总部与地方组织之间建立起紧密联系、谋求地方组织扩大化而由总部派到各个地方的职员。然而，由于各个都、道、府、县选出的国会议员与地方议员的派阀对立和个人之间的不合，自民党总部的统一管理能力受到了严重影响。驻在组织员的地位、收入、未来升迁等均得不到有效保障。因此，驻在组织员

① 『朝日新聞』、1961 年 1 月 27 日。
② 升味準之輔『現代政治——一九五五年以後』（下）、東京大学出版会、1985 年、386 頁。
③ 自由民主党編集『自由民主党十年の歩み』、自由民主党、1966 年、260 - 261 頁。

的制度最终未能发挥其作用。"维持自民党的地方地盘的，依然是个人后援会。"①

1977年，自民党导入了一般党员也可以参加的总裁预备选举制度。此后，自民党的各派阀为了获得大量的党员与党内支持者，互相展开了激烈的竞争。其结果是，自民党党员人数一度超过了340万大关。然而，由于此后总裁预备选举制度被修改得面目全非，并且很多规章在实践中也没有被严格地执行。因此，自民党党员人数急剧减少。到1983年，自民党的登记党员人数仅有106万人，缴纳党费的党员数不足三分之一，其中还存在很多虚报党员数量的情况。自民党党员人数的严重缩水进一步加剧了党的基层组织的薄弱性。对此，一些学者犀利地指出：从全国范围来看，如果说在都、道、府、县自民党的实际地方组织是以议员为中心组成的后援会的话，也并非言过其实。②

自民党候选人为了分割竞争对手（既包括来自其他政党的候选人，也包括选区内同属自民党的其他候选人）的选举地盘，往往想方设法通过提出一些与当地选民利益息息相关的政策设想来吸引选民。为此，自民党候选人亟须广泛、深入地在选区内展开调查，了解百姓所思所想。后援会就成为候选人了解民众需求的一条直接的、有效的渠道。候选人与自己的后援会会员进行日常交流与选举互动，更便于了解选民的需求，便于将选民的利益诉求（如修建土木工程）融入自己的竞选口号与未来政策设想，从而赢得更多选民的支持。一旦成功当选，候选人将积极推动这些政策的实施。这样，从选民的角度来看，后援会就成为选民表达利益诉求的一种有效途径。

综上所述，尽管自民党在战后几十年里一直试图加强地方组织，却始终未能成功，自民党政治家的后援会在实际上弥补了党的基层组织的不足，成为自民党政治家增强集票能力、强化选举地盘的有力保障。根据公明选举联盟总选举调查会的统计，1967年投票给自民党的选民中，后援会成员

---

① 〔日〕升味准之辅：《日本政治史（第四册）——占领下的改革、自民党的统治》，董果良、郭洪茂译，商务印书馆，1997，第1128页。
② 北西允、山田浩『現代日本の政治』、法律文化社、1983年、168-169頁。

占 8%，1969 年占 12%，1972 年占 13%，1976 年增加到 20%。① 可以说，自民党政治家个人后援会组织的广泛存在，为自民党长期执政奠定了坚实的基础。

（二）薄弱的社会党政治家后援会

日本社会党是由西尾末广、水谷长三郎为首的旧社会民众党、中间派的日本劳农党、左派的日本无产党等社会民主主义势力于 1945 年 11 月 2 日创立的。1955 年社会党通过了《日本社会党纲领》，规定社会党是"阶级性群众政党"，其基层组织是"支部"，以"市、町、村"为单位，以 30 名党员为基准建立。以居住区为单位设立基层组织是社会党的原则，如果某单位有 30 名以上党员，经批准可以设立"单位支部"，各支部下设"班"。②根据这一纲领，社会党的基层组织结构应该是细致而发达的。然而，在实际操作中，尽管社会党确实在总部之下按照行政区划在各个都、道、府、县设立了总支部，又以工作地点、地域等为单位在各个总支部之下设立了支部，但它的支部数量却是非常少的。③ 根据 1958 年第 14 次社会党大会的报告，该党拥有 1320 个市、町、村支部，约占全国市、町、村总数的32%。④ 换言之，在全国绝大部分地区（全国 68% 的市、町、村），社会党并没有建立起自己的支部组织。

尽管社会党的基层组织薄弱，在战后几十年的选举中，该党却有众多候选人成功当选为国会议员，社会党作为日本第一大在野党长期活跃在日本政坛。1946 年，在战后第一次众议院选举中，社会党获得 93 个席位，一举成为议会中的第三大党。1947 年，社会党获得 144 个席位，成立了以社会党委员长片山哲为首的多党联合内阁。1955 年，左、右两派社会党共获得 156 个席位。1958 年社会党席位数达到 167 个。⑤

社会党之所以能够在日本政治中发挥举足轻重的影响，关键在于日本工会组织对它的支持。1945 年底，日本全国工会总计 309 个，会员 38 万

---

① 升味準之輔『現代政治——一九五五年以後』（下）、東京大学出版会、1985 年、387 頁。
② 李海英：《日本国会选举》，世界知识出版社，2009，第 191 页。
③ 北西允、山田浩『現代日本の政治』、法律文化社、1983 年、194 頁。
④ 田口富久治『日本の革新勢力——政治学的にみた社会党と総評』、弘文堂、1961 年、18 頁。
⑤ 王新生：《简论日本社会党 50 年》，《日本学刊》1996 年第 5 期。

名。1946 年工会组织数量增加到 12000 个，会员达到 360 万名。[①] 1950 年，日本劳动组合总评议会（简称"总评"）成立，该工会成立之初即拥有 365 万会员，是日本最大的全国性工会组织。其下属工会组织的成员大多为政府职员、国营与公营企业的劳动者。"总评"成立后不久就与社会党站在一起，并在政策上长期支持社会党。社会党与总评的主流派建立起了"一心同体"的关系。[②] 通过将"总评"的干部纳入社会党，支持其参加议员选举，社会党为"总评"的干部打开了从地方议会到国会的飞黄腾达的大门。社会党因此被称作"总评"的"政治部"。实际状况也是如此，社会党的国会议员大多出身于"总评"。1983 年时，来自"总评"工会的社会党众议员占该党众议员总数的 54%，参议员占该党参议员总数的 63.3%。[③] 与此同时，"总评"也为社会党提供选票、资金、竞选活动家等。社会党与"总评"的密切关系，成为社会党长期确保第一大在野党地位的关键。

与"总评"的密切关系为社会党赢得选票提供了保障，却也造成了社会党的封闭性。在自民党政治家们纷纷建立和加强自身的个人后援会组织以增强集票能力的时候，社会党的政治家们却由于得到了"总评"的支持而不愿再费力去积极拓展其他的支持力量。尽管部分社会党政治家拥有自己的后援会，但其组织的深度和广度却无法与自民党政治家的后援会相提并论。

随着经济的高速增长和劳动生产率的提高，工人的实际收入增加，普通国民的生活水平不断提高，日本国民的追求目标日趋多样化。工会的组织率出现下降趋势：1949 年工会的组织率为 55.8%，1975 年降至 34.4%，1993 年降至 24.2%。组织率的持续下降直接导致了工会组织在国会选举中的集票能力被严重弱化。受此影响，社会党的议席占有率从 1960 年的 31% 下降到 1976 年的 24%，到 90 年代则更低。与此同时，大选中不固定支持某个政党的浮动票的比例大幅上升：70 年代以前，浮动票比例为 40%；80 年代，浮动票上升到 60%，进入 90 年代以后，这一比例已经达到 80%。[④] 在浮动票持续

---

① 新藤宗幸『現代日本政治』、放送大学教育振興会、1990 年、35 - 36 頁。
② 北西允、山田浩『現代日本の政治』、法律文化社、1983 年、194 頁。
③ 王新生：《简论日本社会党 50 年》，《日本学刊》1996 年第 5 期。
④ 王新生：《简论日本社会党 50 年》，《日本学刊》1996 年第 5 期。

上升的情况下，如何争取态度不定的选民的支持成为各个政党的首要课题。很多政治家通过加强后援会组织的方式来稳固与选民之间的关系。社会党的政治家没有在这方面采取积极措施，而是试图通过转变立场、同其他党派联合执政来挽回局面，结果引起了"总评"下属的各工会组织的强烈不满，为政党的衰败埋下了苦果。

从昔日日本政坛的第一大在野党，到60年代后期的停滞及后来的衰退、萎缩，再到1996年改称为"社会民主党"，社会党逐渐走向了衰落。这其中固然有其政策性原因，但从选举活动的角度来说，社会党长期忽视对"集票组织"的建设导致选票大量流失，应该视作该党走向衰落的深层次原因。[①]

综上所述，面对政党基层组织薄弱的情况，自民党政治家积极组织属于个人的后援会，建立起了候选人个人与选民之间的稳固关系，巩固了自己的票田；社会党政治家则过分依赖工会组织的支持，忽视了对集票组织的建设。在经济高速发展、意识形态淡化、浮动票上升的情况下，自民党通过其所属政治家的后援会组织保证了其在日本政坛的长期影响力，而社会党却由于缺少了稳定的票源支持而逐渐走向了衰退。

第三节　战后日本政治家后援会的典型案例
——田中角荣的"越山会"

在日本各个政党的政治家后援会中，自民党政治家的后援会最为发达。为深入分析战后日本政治家后援会的运作情况，本节以自民党政治家田中角荣的个人后援会——"越山会"为例，系统梳理战后日本政治家后援会的运作情况，并在此基础上探究后援会的运作机制。

一　田中角荣"越山会"成立的背景

（一）自然环境恶劣的新潟县

新潟，作为日本降雪量最大的地区，素有"雪国"之称。每年冬季，

---

① 李海英：《日本国会选举》，世界知识出版社，2009，第194～195页。

从日本海吹来的季风在越过山脉到达关东平原之前，首先抵达新潟，给这一地区带来 3~6 米的丰沛降雪。暴雪导致县内的主要道路关闭，除了新潟市等港口周边地区外，新潟县的其他地区就变成了大陆中的孤岛。

受到这种恶劣自然条件的影响，新潟地区的工业发展空间极为有限，在战后日本经济高速发展的背景下，该地区的经济生产仍旧长期以农业为主。为了生存，当地的农民不得不外出打工，但由于缺乏技术，他们大都在土木建筑业中从事单纯的体力劳动。新潟县居民人均收入在全国一直处于较低水平。以 1982 年为例，新潟县人均国民收入为日本国民人均收入的 85%，在全国 47 个省级行政单位（1 都、1 道、2 府、43 县）中居于第 28 位。① 自然条件恶劣的新潟县是日本经济发展较为落后的地区。

（二）田中角荣创建"越山会"的缘起

1918 年 5 月 4 日，田中角荣出生于日本新潟县刈羽郡二田村。这个小村庄位于沿海岸线不高的山脉和从柏崎一直绵延至长冈的山脉之间。自从二田村建立以来，田中家一直生活在这里。田中角荣的祖父是远近闻名的寺院木匠，同时经营土木建筑业。父亲是牛马商，母亲在家务农。幼年时，田中角荣家境较好。但后来因为父亲经营失败，在田中上小学六年级时，家业彻底败落，从此一蹶不振。②

田中角荣 16 岁开始到东京谋生，当过学徒、职员和见习记者，利用业余时间坚持读完了东京中央工学校土木系的全部课程，顺利毕业。1937 年，年仅 21 岁的田中角荣创办了自己的建筑事务所。二战爆发后，田中应征入伍，被派往中国，但因患病于 1941 年退役并返回日本。1943 年，田中角荣创建田中土木建筑工业股份公司，并通过悉心经营使其成为日本五十家最大的建筑公司之一。日本战败后，房地产价格暴涨，田中角荣暴富。

1946 年田中角荣以商人身份竞选众议院议员，但最终在得票数目上败给了对手。1952 年，田中角荣重整旗鼓，再度参选。当时，为了增加竞选的宣传力度，田中角荣的助理本间幸一提议——组织当地居民到东京旅行，本间幸一认为："大家睡在一起，在一个锅里吃饭，就会不由自主地产生朋

---

① 高畠通敏『地方の王国』、岩波書店、1997 年、14 頁。
② 王泰平：《田中角荣》，浙江人民出版社，1997，第 1~3 页。

友的感觉……以集体为单位来东京与总经理①见面，这样不断反复，自然会产生一个稳定的后援会。"田中角荣非常赞同本间幸一的建议，他回答说："今后每年都要举行这种活动。我只要有时间，就会和当地居民见面。"②1952 年，田中的后援会成员们被安排前往东京旅行并造访田中位于目白区的寓所。此次"目白之行"，增加了后援会成员与田中角荣之间的亲近感，增强了他们对田中参选的支持力度，帮助田中角荣在当年的众议院选举中成功当选。这次集体旅行，也成为日后田中角荣的后援会组织——"越山会"的雏形。参加这次活动的成员，日后也大都成了越山会的骨干力量。

二　田中角荣"越山会"的成立目的、组织结构与主要活动

（一）越山会的成立目的

1946 年，田中角荣正式作为候选人参加众议院选举。住在越后③山区的人们为了摆脱新潟地区恶劣的生存环境，将地区开发的希望寄托在田中角荣的身上，支持他参加选举。然而，田中角荣的首次参选终因得票数不敌对手而失败。在对败选进行反思的基础上，田中角荣敏感地觉察到，要想维持稳定的"票田"，不仅需要及时了解当地民众的要求，更需要同选民建立稳固的关系。为此，有必要建立一个属于自己个人的支持者的组织。就这样，以"目白之行"的参加者为基础，田中角荣的个人后援会——"越山会"应运而生。由于新潟县在古代名为"越后"，越山会，顾名思义，即"越后山区后援会"。建立属于自己的稳定"票田"以确保在选举中获胜，是田中角荣成立越山会的初衷。

（二）越山会的组织结构

作为田中角荣个人的支持者组成的后援会组织，越山会通过由偏远地

---

① 这里的总经理，指田中角荣。1950～1953 年间，田中角荣担任长冈铁道公司总经理，本间幸一担任其助理。因此，本间幸一称田中角荣为"总经理"。

② 〔日〕大下英治：《田中军团——田中角荣的政治生涯》，应杰、乔志航、熊文莉译，华夏出版社，2004，第 69 页。

③ 越后是新潟县的古代名称。

区到发达地区的发展战略，由各地具有名望的人士作为骨干、委以一定的职务，以建筑行业的从业者为支柱，建立起了严密的组织结构。

首先，越山会以田中角荣的故乡为起点建立，依据从经济落后地区到发达地区的原则逐渐发展起来。

新潟县刈羽郡西山町坂田是田中角荣的出生地和童年、青少年时代生活的地方。这里有他的童年伙伴、街坊四邻和乡亲旧故，是田中人际关系的原点和社会交往最密切的地区。以候选人的居住地（日语称为"地元"）为原点拓展后援会成员，确保了越山会组织的稳定性，为其日后的发展奠定了坚实的基础。在越山会扩大的过程中，田中角荣奉行的战略是：先从南北鱼沼郡等深受雪灾之苦且居民较多的偏远地区入手，再拓展到城市；在向市区渗透自身力量的时候，先是从城市的周边地区入手，然后再向城市的中央地区发展。① 在偏远山区和城市周边地区，田中角荣以饱受困苦的越后人的代表的身份出现，打出了"摆脱雪国的宿命"的口号，主张深切关注"外出打工者的苦楚"，道出了在雪国中为生活挣扎的人们的心声，赢得了这些地区居民们的呼应与支持。从偏远地区到城市周边地区，再到城市中心地区，田中角荣的选举基盘迅速扩大。就这样，以刈羽郡为起点，越山会的成员逐渐扩展到刈羽郡以外的市、町、村。此后，越山会不仅在田中角荣的选区——新潟县第三区的各个市、町、村建立起组织网络，还超出了新潟县的范围，将会员发展到了首都东京。

图3-1展示出了越山会的组织概况。以田中角荣为中心，越山会在东京和新潟分别设有机构。东京越山会事务所（即越山会的办公室）设在砂防会馆的田中办事处中。② 它的规模较小，主要任务是接待新潟会员来访、沟通首都与新潟的情况。越山会的组织主要分布在新潟境内，总部设在长冈市。新潟县越山会会长、越后观光社长由庭山康德担任。田中角荣的秘书本间幸一担任越后交通常务，统率新潟的各个郡市级联络协商会，再往

---

① 福冈政行『日本の政治風土：新潟県第三区にみる日本政治の原型』、学陽書房、1985年、22頁。

② 〔日〕柳田邦男：《田中角荣的三百天》，北京大学亚非研究所译，商务印书馆，1977，第37页。

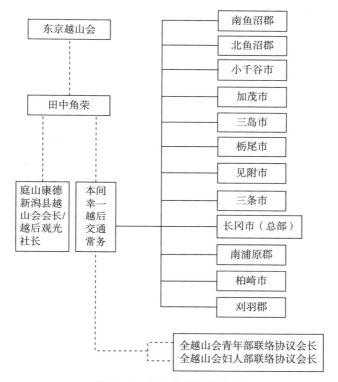

图 3-1　越山会的组织概况

资料来源：福冈政行『日本の政治風土：新潟県第三区にみる日本政治の原型』、学陽
书房、1985 年、22 頁。根据论述需要，笔者在原图基础上略有改动。

下还有按旧有的町、村来细分的 313 个基层越山会组织，如"小千古越山
会"、"六日町越山会"等。① 除了按照郡、市等行政单位划分的联络协商会
以外，在越山会中还特别成立了全越山会青年部联络协议会、全越山会妇
人部联络协议会。青年部和妇人部的成员来自新潟县的不同郡市，为各个
地区的越山会员之间增进了解、协调合作奠定了基础。青年部和妇人部也
因此成为越山会中最为活跃的部分。

其次，越山会以各地具有名望的人士为骨干，网罗了新潟县第三区的
多位市、町、村的长官和县议员。

---

① 〔日〕小林吉弥：《世界政要御人方略——田中角荣卷》，姚晓燕、姚晓红、肖兰译，山东
文艺出版社，2004，第 155 页。

表 3 - 1 显示了新潟县第三区的主要行政长官及政治家与田中角荣越山
会的关系。在新潟县第三区的 33 位市、町、村长官中，有 7 位担任着地区
越山会会长职务，19 位属于"越山会系"（支持田中角荣、与越山会有密
切联系），仅有 7 位支持其他政治家、与越山会没有直接关系。也就是说，
在 33 位市町村长官中越山会骨干及与越山会关系密切者共计 26 位，占总人
数的 79%。在新潟县第三区的 20 位县议员中，13 位属"越山会系"，占县
议员总数的 65%。在战后日本选举制度重新确立以后，市、町、村长官及
县议员都是由所在地区的居民选举产生的。他们之所以能够当选，就是因
为在所属地区有相当强的政治影响力和选票动员能力。通过将新潟县第三
区 79% 的市、町、村长官以及 65% 的县议员吸纳为骨干成员或密切联系人，
越山会笼络了当地最强大的政治动员力量，成为田中角荣获得稳定票源的
重要保证。

表 3 - 1　新潟县第三区的政治地图

市町村		长官	县议员
	长冈市	○	○ × × ×
	三条市	×	○ ×
	柏崎市	○	○ ○
	小千古市	○	○
	加茂市	○	○
	见附市	○	○
	栃尾市	○	○
南浦原郡	田上町	○	○
	下田町	×	
	荣村	×	
	中之岛村	○	
三岛郡	越路町	◎	○ ×
	三岛町	◎	
	与板町	○	
	和岛村	×	
	出云崎町	×	
	寺泊町	○	
古志郡	山古志村	○	

续表

市町村		长官	县议员
北鱼沼郡	川口町	◎	○ ×
	堀之内町	○	
	小出町	○	
	汤之谷町	○	
	广神村	×	
	守门村	○	
	入广濑村	◎	
南鱼沼郡	汤泽町	○	○ ×
	盐泽町	×	
	六日町	○	
	大和町	○	
刈羽郡	高柳町	○	○
	小国町	◎	
	刈羽村	◎	
	西山町	◎	
计		26/33	13/20

资料来源：福冈政行『日本の政治風土：新潟県第三区にみる日本政治の原型』、学陽書房、1985 年、26 頁。

◎表示"地区越山会长"；○表示"越山系"；×表示"其他"。"大括号"表示县议员是由该地区选举产生的。

再次，在基层越山会组织中，成员们分别担任各种职务，拥有各色头衔。

这些职务包括会长、事务总长、事务局长、干事长、政调会长、总务会长、常任干事、特别干事、常任监事、特别监事、常任顾问、特别顾问、常任参事、特别参事、常任参与、特别参与、财政部长、审计部长、青年部长、妇女部长、咨询委员、评议员、总代表等等。每一种头衔还可以加上"名誉"、"次长"、"代理"、"副"等前缀……甚至在头衔"实在不够的时候，就定成干部"。① 这样，几乎每一个越山会的成员，都拥有自己的头衔。单纯从这些头衔来看，很难区分哪些是具有实际权力的职务，哪些是

---

① 〔日〕小林吉弥：《世界政要御人方略——田中角荣卷》，姚晓燕、姚晓红、肖兰译，山东文艺出版社，2004，第 156 页。

虚职。似乎每一个职务在越山会组织中都是不可或缺的。

基层越山会所属的会员几乎全都具有"职务"头衔，而在日本社会中，"头衔从某种意义上来讲就意味着人的生存价值"。任命后援会成员担任各种"职务"，从表面看来是给予后援会成员以"名利"，实际上是满足了日本人对集团归属感的强烈需求，从而有效地调动了后援会成员参与活动的积极性。这样，一旦进入选举期，313 个基层越山会组织的成员们，哪怕是扔下自己手中的本职工作，也要为田中角荣的选票而奔走。有些评论家毫不讳言，越山会得以充分发挥技能的奥秘就在于会员们在越山会中各有其职，这就是越山会的"头衔的秘密"。①

又次，在田中角荣的越山会中，还有一支特殊的力量——土木建筑业的从业者、新潟县土建劳务组合成员，他们是越山会的重要支柱。

受到气候的影响，新潟地区的产业以农业、土木建筑业为主。据统计，20 世纪 80 年代新潟县的劳动力总数为 120 万，其中 16 万人从事土木建筑业及其相关产业，占劳动力总数的 13.3%。② 1945 年 12 月日本公布的《众议院议员选举法修正案》规定：20 周岁以上的公民具有选举权，女性也获得了选举权。依据法律规定，这些建筑业工人中的绝大多数享有选举权。将建筑业者纳入田中角荣个人的后援会组织中，不仅掌握了这些建筑工人的选票，更对争取其家人的选票具有积极的意义。这样，在获得一般越山会成员支持的基础上，田中角荣还得到了当地最主要的工人群体的支持。如图 3 - 2 所示，以各市、町、村长官和土木建筑业业主为核心，田中角荣建立起了金字塔形结构的越山会组织。如果说以市、町、村长官为核心的后援会分支为田中角荣的当选奠定了基础，那么建筑业者的支持已经成为田中角荣的"第二重固票机制"。

（三）越山会的主要活动

尽管越山会的成立是为田中角荣的选举服务的，但它的活动却没有局

① 〔日〕小林吉弥：《世界政要御人方略——田中角荣卷》，姚晓燕、姚晓红、肖兰译，山东文艺出版社，2004，第 156 页

② 福冈政行『日本の政治風土：新潟県第三区にみる日本政治の原型』、学陽書房、1985 年、24 頁。

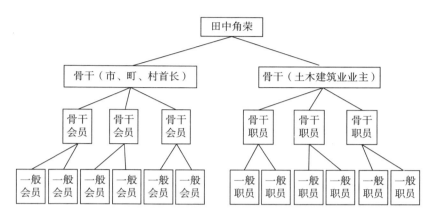

图 3 - 2　田中角荣与越山会成员关系示意

资料来源：本图由笔者绘制。

限在选举期间的助选活动，而是渗透到了选民日常生活的各个领域。事实上，丰富多彩的日常活动才是越山会的特色。

首先，越山会特别注重日常生活中的人情往来。在选区内的冠婚葬祭①仪式特别是葬礼中往往能够看到越山会的影子。一般来说，越山会在骨干会员去世时会敬献花圈，在一般会员和骨干会员家属去世时会赠送蜡烛。只要地区事务所把讣告送到越山会总部，越山会就立即以田中角荣的名义把相应的礼品送到当事人的家中。在会员结婚和米寿（八十八岁诞辰）庆祝时，越山会会及时送上田中角荣亲手书写的花纸条幅。除了上述各种仪式，越山会还帮助会员及其亲属介绍工作、促成婚姻等。对此，北部越山会会长说："靠这两项活动得票，那是十拿九稳，特别是孩子的父母，一定会支持田中一二十年。"② 通过与会员们保持密切的人情往来，越山会为田中角荣树立了亲切的形象、拓展了支持者，为其在选举中获胜奠定了坚实的基础。

其次，定期组织成员旅行是越山会的一项重要活动。其中最著名的要数"拜谒目白"活动。所谓"拜谒目白"，就是安排三天两夜的旅行，组织

---

① 冠婚葬祭，指日本民间为成年、结婚、丧葬、祭祀祖先而举行的四大仪式。

② 〔日〕升味准之辅：《日本政治史（第四册）——占领下的改革、自民党的统治》，董果良、郭洪茂译，商务印书馆，1997，第 1132 页。

越山会成员由新潟乘车出发，次日清晨在东京泡温泉和吃早餐，随后再乘巴士去拜访位于目白区的田中角荣的寓所。会员们在田中家中受到热情招待，并能够与田中角荣本人会面。在离开田中家以后，会员们一般会到国会和皇宫参观，再到浅草国际剧场观看歌舞剧。如果还有空余时间，越山会还会安排会员们到江之岛、热海、伊豆等地游玩。① 除了国内旅游，越山会还组织国际旅行。越山会妇人部就曾经集体访问欧洲。根据欧洲旅行团团长安西爱子回忆，在出发之前，旅行团的每位成员都从越山会收到了 3 万日元的旅行补助金。② 在当时，对于身处经济落后、交通不便的新潟县居民来说，能免费到东京已经是梦寐以求的了，更何况是到欧洲旅行呢？这些旅行活动，不仅促进了越山会成员之间的交流，更培养了会员们对田中的感激之情。这些感情，构成了越山会成员们在选举中支持田中、积极开展助选活动的动力。

再次，越山会还通过定期发行报纸的方式向会员发布信息，加强与会员的交流。越山会的机关报纸名为《月刊越山》，每月发行一期，每期发行数量高达 5 万份。这份向越山会员免费发放的报纸，以介绍田中角荣的近期活动、政治主张为主要内容，也对越山会的一些活动情况进行报道。《月刊越山》的定期发行，增进了选举间歇期民众对田中角荣从事的各项活动的了解，促进了越山会成员对田中角荣的支持。

除上述日常活动外，越山会的一项重要活动是协助田中角荣了解民意。田中角荣当选为国会议员以后，由于公务繁忙，亲自到其选区——新潟县第三区视察的时间非常有限。尽管如此，他仍旧通过自己的秘书，接受各地越山会送来的请愿书、了解选民的需求。其中最典型的，要数每年秋天的"越山会查定"。所谓"越山会查定"，指的是田中角荣委派秘书山田泰司到新潟县第三区，代表自己了解越山会员们对公共事业的要求，以确定下一年度地方事业的重点为目的的考察活动。在这一过程中，各个市、町、村长官和当地土木建筑公司的负责人均会出席由田中角荣的秘书山田泰司

① 〔日〕升味准之辅：《日本政治史（第四册）——占领下的改革、自民党的统治》，董果良、郭洪茂译，商务印书馆，1997，第 1132 页。

② 高畠通敏『地方の王国』、岩波書店、1997 年、第 14 頁。

召集的会议，并提出自己的政策建议。考察活动结束后，山田泰司将当地的情况向田中角荣汇报，由田中角荣调整决定下一年度新潟县第三区的公共事业实施计划，并在中央大力推动。这样，越山会事务所（即越山会的办公室）和田中角荣的事务所俨然已经成为新潟县第三区"争得国家资金"的"影子县厅"。①

从上述越山会的主要活动可以看出，尽管越山会是为了田中角荣的选举服务的，它的主要特色却不是选举期间的活动，而是丰富多彩的日常活动。通过在日常生活中逐渐建立的与选民的密切联系，越山会为田中角荣的连续当选立下了汗马功劳。

三　田中角荣"越山会"的成功运作及其原因

（一）"越山会"的成功运作

通过各种活动，越山会不仅巩固了随着工业化和城市化而滞后了的传统选举地盘，还通过协助田中角荣向新潟县第三区引进土木工程，逐渐吞噬了社会党的势力、侵蚀了保守派（城市工商业者阶层）的统治，扩大了田中角荣的选举地盘。② 当地民众纷纷加入越山会，其成员人数不断上升。据统计，越山会成员最多时达到9.5万人，约占当地有选举权人数的18%。③

在越山会的帮助下，从1952年田中角荣第一次当选众议院议员到1983年最后一次参选，田中角荣连续30多年成功当选。即使在1983年，田中角荣因为"洛克希德案"一审被判有罪，他在判决后的大选中却获得了比担任首相时（1972年田中角荣在大选中获得18.3万票）更多的选票——22万票，还以47%的得票率创下了日本中选区制的最高纪录。④ 由此可见，强大的越山会已经成为田中角荣政治生涯的基石。

（二）"越山会"成功运作的原因

越山会之所以能够历久弥坚，为田中角荣的成功当选立下汗马功劳，

---

① 高畠通敏『地方の王国』、岩波書店、1997 年、12 頁。
② 〔日〕升味准之辅：《日本政治史（第四册）——占领下的改革、自民党的统治》，董果良、郭洪茂译，商务印书馆，1997，第1131页。
③ 高畠通敏『地方の王国』、岩波書店、1997 年、9 頁。
④ 福岡政行『日本の選挙』、早稲田大学出版部、2001 年、137 頁。

是因为它的运作不仅涉及政治家与选民双方的利益,更融合了彼此的感情。正是由于利益纽带与情感纽带的同时存在,越山会的组织才能如此稳固、运作才会如此顺畅。

1. 利益纽带

根据越山会成员的陈情,田中角荣向国会提出议案、争取中央拨款,新潟县第三区的公共投资从中央政府源源不断而来。在田中角荣的努力下,纵贯新潟县第三区的上越(东京—新潟)新干线顺利修建,并在新潟地区设有四个停靠站点;关越高速公路、北陆高速公路依次建成并顺利开通。从新潟县的县级道路到所属町、村的道路不断地被提升规格,甚至按照国道的标准全面铺设或改建。[①] 即便在一些只有几十户常住居民的偏远山村,也通过开凿隧道的方式,修建了从这些山村到市、町等繁华地区的交通道路。河川改造、大坝整修、桥梁架设等一系列工程在当地陆续展开。这些工程,不仅给新潟地区居民的生活带来了巨大的便利,还为当地带来了源源不断的就业机会,解决了当地建筑工人及其家庭的生计问题。换言之,建筑工人们之所以矢志不渝地支持田中角荣,"不仅仅是出于崇拜,更是为了自己的工作"。[②] 与此同时,越山会还帮助会员解决生活上的种种难题,甚至对其子女的升学、就业等给予关照,从而为会员们带来了各种利益。

作为对田中角荣的种种恩惠的回报,越山会成员(甚至其家人)纷纷将选票投给田中角荣。不仅如此,他们还积极劝说自己的亲朋好友也将选票投给田中角荣。这样,在选举中,田中角荣不仅能够将越山会成员的选票收入囊中,还能够通过会员们得到更多的浮动票。事实上,田中角荣的得票率往往数倍于其后援会的人数。例如,越山会成员最多时约占当地有选举权人数的18%,[③] 田中的得票率最高时却达到了47%。[④]

正如图3-3所示,越山会成员将选票投给田中角荣,田中当选后再通过行政恩惠、个人恩惠等方式报答他们的支持。田中角荣与越山会成员之

---

① 高畠通敏『地方の王国』、岩波書店、1997 年、10 頁。
② 新潟日報社編『ザ・越山会』、新潟日報事業社、2004 年、246 頁。
③ 高畠通敏『地方の王国』、岩波書店、1997 年、9 頁。
④ 福岡政行『日本の選挙』、早稲田大学出版部、2001 年、137 頁。

间就这样形成了利益交换的纽带。

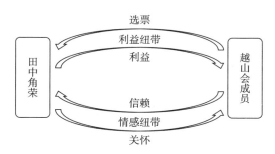

图 3 - 3　越山会中的"利"与"情"

资料来源：由笔者绘制。

2. 情感纽带

除了利益交换以外，越山会还通过"情感"笼络人心。尽管田中角荣作为政治家声名地位显赫，但他注重真诚待人，强调在与人交往时与对方"融为一体"，[①] 在与越山会的成员交往时亦是如此。对越山会成员及其亲属的葬礼等仪式，田中角荣尤为重视。在担任自民党干事长时，尽管忙得不可开交，他也要进行吊唁，慰问丧者家属；即使不能亲自去参加葬礼，也会通过越山会及时向去世会员的家属们送上葬礼用的蜡烛。通过对会员们日常生活点点滴滴的关怀，越山会为田中角荣建立起了牢固的人情网络。

通过越山会组织，长期受到田中角荣关怀的越山会成员们产生了对田中角荣本人的高度信赖。这种产生于日常生活中的信赖相对稳定，甚至在受到外界因素冲击时也不会轻易动摇。1976 年 7 月 27 日，田中角荣因涉嫌在担任首相期间收受美国洛克希德公司的巨额贿赂而被东京地方检察厅正式逮捕。此后不久，在得知田中即将获得保释的消息后，一部分越山会成员便从新潟赶到了东京等候消息。8 月 17 日，田中角荣获得保释的当天，在清晨 7 点，越山会成员便登门造访田中角荣家与其会面，表示对田中角荣的支持。[②]

---

① 〔日〕小林吉弥：《世界政要御人方略——田中角荣卷》，姚晓燕、姚晓红、肖兰译，山东文艺出版社，2004，第 156 页。

② 〔日〕柳田邦男：《田中角荣的三百天》，北京大学亚非研究所译，商务印书馆，1977，第 47 页。

　　受到该案件影响，在 1976 年的众议院选举中，田中角荣的得票数为16.8 万，比 1972 年稍有下降。在 1979 年的选举中，田中角荣得票 14.1 万张，1980 年得票 13.8 万张。由图 3-4 可以看出，1976~1980 年间，尽管田中角荣的得票数呈现下降趋势，但仍旧维持在 14 万张左右。根据选举结果，田中仍旧连续当选为国会议员。1983 年 10 月，历经 7 年审判和数百次的开庭，田中角荣被法院认定违反外汇法、收受贿赂，被判处四年徒刑、罚款 5 亿日元。在田中角荣一审被判刑后，他不仅没有遭到新潟地区选民的唾弃，反而引起了当地选民，特别是曾经深受其恩惠的越山会成员的深切同情。于是，在当年举行的众议院选举中，尽管田中角荣以无党派候选人的身份参选，他的支持率还是出现了强力反弹，得票数达到 22 万票。这不仅远远高于 1972 年田中担任首相时的得票数（18.3 万票），更创下了日本中选区制实施以来的最高纪录，得票率高达 47%。① 如果没有田中角荣与越山会成员之间的情感纽带，没有越山会成员对田中的深厚感情，田中是很难在被判有罪的情况下，再次当选为国会议员的。

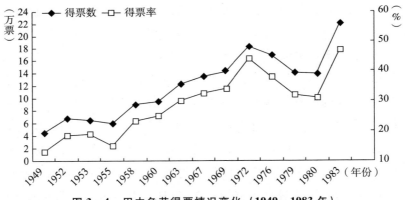

图 3-4　田中角荣得票情况变化（1949~1983 年）

资料来源：福冈政行『日本の政治風土：新潟県第三区にみる日本政治の原型』、学陽書房、1985 年、26 頁。为论述方便，笔者将原图中的昭和纪年改为公元纪年。

　　1985 年，田中角荣罹患脑梗死。此后不久，越山会由田中角荣之女田中真纪子宣布关闭。尽管如此，田中角荣通过越山会在新潟地区所建立的

---

① 福冈政行『日本の選挙』、早稲田大学出版部、2001 年、137 頁。

人脉关系、选举地盘却并没有随之消失。1993 年田中角荣去世后，其长女田中真纪子在新潟县选民的强烈要求下，参加了第 40 届众议院选举，在众位候选人中脱颖而出，以最高票在新潟县第三区胜选，成为国会议员。田中真纪子的胜选，与前越山会成员们的支持密不可分。他们之所以支持真纪子，很大程度上是出于对田中角荣的感激与答谢。借助于前越山会成员对已故的田中角荣的感情，田中真纪子继承了父亲的选举地盘，顺利地步入了政坛。

四　田中角荣"越山会"的"利"与"弊"

对于田中角荣本人来说，越山会保障了他连续多年竞选成功；对越山会成员来说，越山会为他们带来了切实的利益、提供了各种关照，可谓好处多多。对日本选举政治来说，越山会的存在却是利弊共生的。

（一）越山会带来的"利好"

从国家政治发展的层面来看，越山会建立起了政治家与选民之间沟通的渠道，是民意下情上达的有效途径。例如，通过每年秋天的"越山会查定"，各个市、町、村长官、当地土木建筑公司的负责人等越山会成员向田中角荣提出政策建议，再由田中角荣在中央进行调整来推动下一年度新潟县第三区的公共事业实施计划。为了保证在下一次选举中继续当选，田中角荣必须及时了解选民的需求，并通过其政策议案为选民争取利益。组织程度高、稳定性强的越山会，为选民表达诉求建立了通畅的渠道，使得选民的意愿能够通过当选议员在政策层面及时得到表达。

（二）越山会造成的"弊端"

在促进选民意愿表达的同时，越山会也造成了地方利益优先于国家利益的弊端，助长了金权政治、派阀政治与世袭政治。

1. 地方利益优先于国家利益

尽管田中角荣是由新潟县第三区选出的众议院议员，但作为国会议员，国家利益应当是其考虑问题的出发点。然而，为了报答新潟县第三区的选民对自己的支持，田中角荣大力在中央为自己的选区争取财政拨款。除了正常的公共设施建设以外，还不断地将新潟县的县级道路、所属町、村的道路提升规格、按照国道的标准全面铺设与改建。① 这导致了资源的地区分配不均与浪费现象，比如，新潟县内的高速道路为 8 车道，而毗邻的长野县内高速公路却是 4 车道。可见为了对越山会成员进行利益回馈，田中角荣已经将地方利益置于国家利益之上优先考虑了。

2. 助长了金权政治、派阀政治与世袭政治

首先，越山会刺激了田中角荣金权政治的发展。为了筹集越山会所需的巨额运营经费，田中角荣不得不通过各种手段寻求政治资金，甚至与一些企业建立密切关系、接受政治献金与贿赂等。越山会刺激了田中角荣金权政治的发展，而金权政治又是越山会组织发达、动员能力强大的秘密所在。②

其次，越山会助长了自民党内田中派的发展，助长了派阀政治。20 世纪 50 年代，地方财政的困境导致了"陈情行政"的迅速发展，③ 此后，地方政治家开始纷纷依附到由当地选出的国会议员的羽翼之下，并试图通过国会议员为地方争取到更多的中央拨款。在新潟县第三区选出的 18 名县议会议员中，有 13 人为越山会成员。在新潟县第三区 33 个市、町、村的长官中，30 名是越山会的成员。这些地方议员与市、町、村长官自然就归到了田中派的麾下。

最后，越山会影响力的长期遗存是田中真纪子竞选获胜的关键，助长了世袭政治。尽管越山会在 1985 年解散，但田中角荣通过越山会建立的广泛的人脉关系、稳固的选举地盘却没有因此而消失。正是因为越山会建立了稳固的选举地盘，田中真纪子才能够继承其父的政治遗产，在 1993 年首度参选便高票当选为国会议员，成为世袭政治家。

本章探讨了战后（1945～1994 年）日本政治家后援会的再生与发展，并以田中角荣的个人后援会——越山会为例，分析了政治家后援会的成立目的、组织结构、主要活动，并在此基础上探讨了后援会的运作与影响。

① 高畠通敏『地方の王国』、岩波書店、1997 年、10 頁。
② 福岡政行『日本の政治風土：新潟県第三区にみる日本政治の原型』、学陽書房、1985 年、55 頁。
③ 阿部齊『日本の政治』、放送大学教育振興会、1986 年。

战后日本经过"非军事化"与"民主化"改革，确立了资产阶级议会民主制。在经济高速增长、政治制度变迁、地方财政高度依赖中央政府的情况下，候选人为了确保竞选成功，纷纷组建后援会。后援会通过利益与情感的双重纽带，将政治家与其支持者牢固地联系起来，为政治家确保了稳固的票源。后援会在促进选民意愿表达的同时，也造成了地方利益优先于国家利益的弊端，助长了金权政治、派阀政治、世袭政治。

第四章　1994 年日本政治改革与政治家后援会

第一节　1994 年日本政治改革

一　政治改革的背景与目标

1994 年，日本政府启动了以修改众议院议员选举制度和政治资金管理制度为主要内容的政治改革，这一系列举措是国际格局变动与国内政治形势共同作用的结果。

（一）政治改革的背景

1. 国际格局的巨大变动

在第三章中已经讲到，战后在"盟军总部"的"非军事化"与"民主化"政策下，日本政党几经分化组合，于 1955 年形成了与国际冷战格局相适应的国内政治体制，即以自民党为代表的保守势力与以社会党为代表的革新势力长期抗争的"五五体制"。高度依赖日美安保同盟的日本，在国内政治中出现了自民党"一党独大"、长期执政的局面。

然而，随着东欧剧变、两德统一与苏联解体，一直影响日本国内政治发展的冷战因素彻底消失了，① 保守与革新对立的政党政治格局失去了原有的意义。与此同时，由于对国家未来发展战略的意见分歧，保守势力内部也开始出现分裂局面。在自民党发生分裂之际，美国政府也对自民党长期执政体制施加了强大压力。1993 年 7 月，美国总统克林顿在东京出席七国

---

① 王振锁等：《日本政治民主化进程研究》，上海三联书店，2011。

首脑会议时公开表示："日本的政治体制必须变革。"① 国际格局的巨大变动也为日本的政治改革带来了历史契机。正如时任日本首相细川护熙所言，"伴随冷战的结束，日本建立在冷战结构基础上的两极政治已经画上句号"。②

2. 国内要求政治改革的呼声

20 世纪 80 年代末 90 年代初，在国际格局剧变的同时，日本国内要求政治改革的呼声也日益高涨。这些呼声，不仅来自日本的普通民众，也来自执政党与在野党的政治家们。

首先，日本民众对政治腐败深恶痛绝，强烈要求进行政治改革。

在中选区制下，全国共划分为 129 个选区，每个选区众议员定额为 3 ~ 5 名（个别选区为 1 名、2 名或 6 名），③ 众议员定额总数达到 511 人。执政的自民党为了保证能够独立组阁，要在众议院保持一半以上的议席，即至少要保证 256 名候选人当选。为此，在全国 129 个选区中，要保证在每个选区获得 2 个席位，难免出现同一政党的自民党候选人相互竞争的局面。在这种情况下，由于他们所属政党的政策相同，仅仅依靠政党的政策来吸引选民的投票是远远不够的，候选人必须通过强调个人的业绩、资质、未来的发展前景等方式，突出自己与同一政党的其他候选人之间的差异，才有可能在选举中脱颖而出。④ 在政党的支部活动不足以帮助候选人赢得选举的情况下，候选人纷纷建立属于个人的后援会组织，并将其作为自己选举活动的中心机构。在当选以后再对支持自己的后援会成员进行利益回馈。选票与利益相互交换的利益诱导政治由此形成。同时，为了保证后援会的正常运营所需的大量经费，政治家不得不想方设法筹措政治资金，企业的政治捐款逐渐成为其经费来源的主要渠道。借助企业的巨额政治捐款赢得选举的议员们，往往通过制定有利于企业的政策来进行回报，政治腐败现象由此产生。

20 世纪，继 70 年代田中角荣深陷"洛克希德事件"之后，日本政坛又

---

① 〔日〕《产经新闻》1993 年 7 月 8 日。引自刘江永《论日本政局的历史性重大变化》，《日本学刊》1993 年第 6 期。

② 1993 年 8 月 10 日细川护熙首相会见记者时的讲话、8 月 23 日施政演说。

③ 冲野安春『現代日本の政治：制度と選挙過程』、芦書房、1995 年、134 頁。

④ 冲野安春『現代日本の政治：制度と選挙過程』、芦書房、1995 年、135 - 136 頁。

出现了"利库路特事件"、"佐川快运事件"、"大型综合建筑公司事件"等政治资金丑闻。① 政治腐败不仅令日本国民对执政的自民党的信任度下降，还对政治产生了极度的不满，② 因而强烈要求进行政治改革。

其次，政治家们要求对现行政治制度进行改革。

一方面，从执政的自民党来看，进行政治改革是寻求新的选举地盘、加强政党基层组织的需要。第一，随着日本经济的发展、城市化进程的加快，农村的劳动人口大量迁移到城市，旧有的农村社会组织遭到破坏，对以农村为主要选举基盘的自民党造成了不小的冲击。与此同时，进入80年代后，日本作为一个经济大国，同其他发达国家特别是同美国的贸易摩擦日益严重，持续贸易顺差的日本面对贸易逆差的美国等的强大压力，不得不允诺开放国内农产品市场。1988年，自民党政权在农产品市场上的对美让步引起了农民的强烈反感，直接导致自民党在1989年的参议院选举中失去了23个农村选区的议席。③ 在这种情况下，自民党迫切希望将自己的选举地盘从农村转向城市。因此，通过政治改革，特别是选举制度改革，减少农村选区的议员定额、增加人口稠密的城市选区的议员定额就成为寻求新的选举地盘的自民党政治家的诉求。第二，进行政治制度改革是自民党加强其政党组织的需要。中选区制下，在同一选区内自民党的候选人往往为了赢得选举而展开激烈的竞争。对于处于竞争关系的自民党候选人们来说，由于单纯依靠选区内党的支部组织活动无法完全保证自己在选举中脱颖而出，于是，各位候选人转而大力发展自己的个人后援会组织。就这样，候选人的个人后援会组织日益发达，甚至在选举活动中充当了中心机构的角色。相应地，自民党在选区内的各政党支部组织的活动机能逐渐下降。为此，自民党的很多政治家希望通过对选举制度进行改革，使政党在一个选区内只推举一位候选人，从而使自民党的支部组织在选举中发挥更积极的作用。

另一方面，从在野党角度来看，在自民党长期一党独大的漫长历史时

---

① 王新生：《现代日本政治》，经济日报出版社，1997，第8页。
② 森田実『連立政権：私の細川内閣論』、日本評論社、1993年、9－15頁。
③ 王新生：《现代日本政治》，经济日报出版社，1997，第11页。

期，在野党即使提出了获得政权的目标也不能实现，因此只是在有可能当选的选区推选本党的候选人，因而形成了维持现状的消极的、固定的行为模式。然而，20世纪90年代初，随着国际、国内形势的变化，自民党连续出现分裂，而社会党、公明党、民社党和社会民主联合等在野党也产生了组成联合政权的构想，为在野党获得执政权找到了一条可能的途径。① 因此，在野党也积极要求进行政治改革，试图实现政权更替。

20世纪90年代初期，在国际形势剧变、两极格局解体，国内普通民众、执政党与在野党政治家们要求政治改革的呼声日渐强烈的情况下，日本政治改革已经势在必行。

（二）政治改革的目标

原有的政治资金管理制度和中选区制滋生了严重的政治腐败现象。因此，改变以政治家个人为中心的选举从而实现以政党、政策为中心的选举，调整政治与资金的关系成为政治改革的两大主要目标。②

首先，改变以政治家个人为中心的选举，实现以政党、政策为中心的选举。在中选区制下，由于在选区内存在同一政党的两名或多名候选人参选的情况，选民在投票时除了要选择所支持的政党以外，还要选择将选票投给哪一位候选人。在这种情况下，难以形成以政党或政策为中心的选举。中选区制下政治家的个人后援会蓬勃发展，助长了自民党派阀政治盛行，也造成了严重的腐败现象。而如果实行小选区制，每个政党在每个小选举区只提名一位候选人，有利于形成以政党为中心的选举。当选民倾向于两个政党中的一方时就会对所有小选举区产生影响，从而推动该政党获得大胜。因此，某个政党只要能够获得相对多数的选民支持，就可能获得大量议席。这也被认为是小选区制的最大优点。③ 因此，通过选举制度改革实现以政党、政策为中心的选举是政治改革的核心内容。

其次，整顿政治腐败是政治改革的第二大目标。在改革前的政治资金管理制度下，政治资金的流动不够透明。从普通民众的角度来看，对于收

---

① 冲野安春『現代日本の政治：制度と選挙過程』、芦書房、1995年、136頁。
② 小沢一郎『日本改造計画』、講談社、1993年、73頁。
③ 朱建荣：《日本变"天"——民主党政权诞生近距离观察》，新世界出版社，2009，第32页。

取政治资金的政治家们能否在制定政策的过程中保持公正，始终心存怀疑，国民对政治的不信任感动摇了议会民主制的根基。从政治家的角度来看，在当时政治资金管理制度下，证明自己的清白较为困难，仅仅通过简单的说明无法获得民众的信赖。① 因此，改革政治资金管理制度，将政治捐款的调配权由政治家个人转移到政党，从而增加政治资金的透明度就显得尤为迫切。

二 政治改革的过程

田中角荣因洛克希德事件下台以后，继任首相三木武夫曾于 1974 年提出了政治改革的口号，其核心是要解决导致自民党腐败的最大原因——政治资金问题，却因触动了自民党内大派阀的利益而被迫下台，政治改革也未能真正施行。80 年代末，利库路特事件以后，国民对政治的不信任度提高，自民党于 1989 年 1 月 18 日正式设置了政治改革委员会。此后，该委员会提出了中长期改革方案，即认为不应仅仅局限于调整政治与资金的关系，提出了包括选举制度改革在内的九项措施。其中涉及政治与资金关系的内容包括政治资金的现状、确保政治资金的透明化等。② 同年 5 月，政治改革委员会提出了《政治改革大纲》，明确提出"彻底更正现行的中选区制度"，"从制度上提高政治资金的透明度"。③ 在 1991 年的第 121 届国会上，自民党向国会提出了政治改革法案。但是该法案不仅遭到社会党、公明党、民社党、共产党、进民联（进步民主联合）等在野党反对，还遭到自民党内一些成员的反对。④ 该法案最终未能通过，成为废案。

1993 年 8 月，宫泽喜一内阁辞职。当月 6 日，日本新党、新生党、先驱新党、社会党、公明党、民社党、社民联和参议院民主改革联盟等七党一派，共同组成了以日本新党代表细川护熙为首的联合政权，执政 38 年的自民党成为在野党，"五五体制"由此结束。新政权提出的核心目标就是政

① 小沢一郎『日本改造計画』、講談社、1993 年、71 頁。
② 佐々木毅編『政治改革 1800 日の真実』、講談社、1999 年、470 – 471 頁。
③ 成田憲彦『"政治改革の過程"論の試み——デッサンと証言』、『レヴァイアサン』、Vol. 20（1997 年春）。
④ 佐々木毅編『政治改革 1800 日の真実』、講談社、1999 年、451 – 452 頁。

治改革。

细川内阁为推动自民党执政时期未能完成的政治改革法案开始了各种努力。政治改革的核心是选举制度改革，即由中选区制改为小选区比例代表并立制。当时，各执政党与在野的自民党之间，围绕着小选区与比例代表区的数额分配问题，意见分歧非常大。社会党倾向于扩大比例代表区的数额，而自民党则主张扩大小选区的数额。①

1993 年 9 月，细川内阁通过了"政治改革相关四法案"，即《公职选举法（修正案）》、《政治资金规正法（修正案）》、《政党助成法》、《众议院议员选举区划定审议会设置法》，确定众议院小选区议员定额为 250 人，比例代表区议员定额为 250 人，投票方式为记号式两票制。该法案于同年 10 月提交众议院审议。尽管它在众议院以 270 票对 226 票获得通过，却在参议院全体会议上被否决。不仅自民党的参议员反对该法案，社会党中反对引进小选区制的 17 名议员也投了反对票，因为在他们看来，该法案一旦通过，社会党就有可能永远退出政治舞台。在两院协议会未能达成一致意见的情况下，细川首相与自民党总裁河野洋平举行最高级会谈，联合政权向自民党做出了诸多让步。在临时国会的最后一天即 1994 年 1 月 29 日，国会两院勉强通过了政治改革四法案。②

三 政治改革的具体措施

政治改革四法案分别是《公职选举法（修正案）》、《政治资金规正法（修正案）》、《政党助成法》与《众议院议员选举区划定审议会设置法》。其中，《公职选举法（修正案）》对众议院议员选举制度进行了改革，《政治资金规正法（修正案）》与《政党助成法》对政治资金及其运作做出了新的规定。

（一）对众议院议员选举制度的改革

如表 4 - 1 所示，《公职选举法（修正案）》对选举制度、议员定数、选举区、候选人提名、投票方式、当选条件等作了规定。

① 王振锁、徐万胜：《日本近现代政治史》，世界知识出版社，2010，第 137 页。
② 王新生：《日本简史》，北京大学出版社，2005，第 217~218 页。

表 4-1 众议院议员选举制度：新制度与旧制度的比较

	旧制度	新制度
制度	中选区制	小选区比例代表并立制
定数	511	500（小选区 300，比例代表选区 200）
选举区	129	小选区：300 区 比例代表选区：全国 11 区
候选人	个人候选人	候选人提名之政党要件： 小选区：①所属国会议员 5 人以上推荐 　　　　②得票率在 2% 以上，或者根据政党提名的原则 比例代表选区：在不满足①②两个条件的情况下，各区的候选人数目必须达到定数的 2/10 以上 （可以和小选区内的候选人重复，重复参选的候选人同时当选则以小选区为先）
投票方式	自书式	记号式两票制
当选条件	得票相对 多数者当选 （2~6 人）	小选区：得票相对多数者当选（1 人） 比例代表选区：各区采取顿特式计数方式，按照名簿的顺序决定当选者，并列者根据惜败率决定当选者。

资料来源：冲野安春『現代日本の政治：制度と選挙過程』、芦書房、1995 年、139 頁。笔者在原表基础上略有补充。

首先，将众议院议员中选区制改为小选区比例代表并立制。议员定数从原来的 511 名调整为 500 名，其中小选举区 300 名，比例代表选区 200 名。将中选区制下的 129 个选区重新划分，全国共划分为 300 个小选区，11 个比例代表选区。能向小选区提名候选人的政党，必须满足以下条件：一是该政党由 5 名以上国会议员组成，二是该政党在前一届众议院选举或参议院选举中的得票率为 2% 以上。除此之外，候选人本人也可自行申请参加竞选，无党派政治家或虽然不满足上述条件但属于某一政治团体的候选人也可参加竞选。一个候选人可以同时参加小选区和比例代表选区的选举，但当该候选人同时在两个选区当选时，以小选区为先。如果在小选区落选，还可以在比例代表选区"复活"。投票方式由原来的自书式投票，改为记号式两票制，即选民在选举众议员时，一票投给本小选区的某一候选人，另外一张票投给本比例代表选区的政党，选票上分别印有候选人或政党的名字，画圈即可。① 在小选区内，得票相对多数者当选。政党在提出比例代表候选人时，各区采取顿特式计数方式，按照名簿的顺序决定当选者，当出现两位候选人并列的情况时，根据惜败率②决定当选者。③

2000 年小渊惠三担任首相期间，日本国会又通过了新的《公职选举法（修正案）》，对新选举制度进行再次修订，将比例代表选区的众议院议员定额由 200 名削减为 180 名；限制在小选区落选的候选人在比例代表选区"复活"当选，即在小选区得票数不足 10% 的候选人不得在比例代表选区"复活"。

《公职选举法（修正案）》的实施，结束了战后日本自 1947 年以来一直实行的众议院议员中选区制，开始了小选区比例代表并立制的选举制度。在制度设计上，小选区制有利于大党，比例代表制则有利于保障小党的代表能够在选举中被选出，使少数派的意见能够在国家的政治中得到反映。④ 因此，新的选举制度——小选区比例代表并立制兼顾了大党与小党的利益。通过选举制度改革，日本实际上形成了以小选区制为主、比例代表制为辅的选举制度。

（二）对政治资金管理制度的改革

为了规范政党、政治团体、政治家个人的资金来源及其使用，《政治资金规正法（修正案）》与《政党助成法》对政治资金及其运作做出了新的规定。

1994 年 1 月 29 日，日本在第 129 届国会上最终通过了《政治资金规正法（修正案）》。如表 4 - 2 所示，修正案对资金管理团体的数目、企业与团体捐款的对象与捐款的总金额、个人捐款的总金额、政治资金募集会的筹款金额等做出了具体的规定。第一，每位公职候选人只能拥有一个资金管理团体，其代表必须是政治家本人，且该资金管理团体需要向当地（都、道、府、县）选举管理委员会或总务大臣申报；第二，企业和各种社会团体只能向政党、政治资金团体和政治家的资金管理团体捐款。公职候选人的资金管理团体每年接受的政治捐款不得超过 50 万日元；第三，企业及其他团体每年向政党、政治资金管理团体捐款额为 750 万日元至 1 亿日元，即

---

① 包霞琴、臧志军：《变革中的日本政治与外交》，时事出版社，2004，第 51 ~ 52 页。
② 惜败率 =（落选者的得票数÷同选区最高得票者的得票数）×100%
③ 李莹：《日本战后保守政治体制研究》，世界知识出版社，2009，第 327 ~ 328 页。
④ 冲野安春『現代日本の政治：制度と選挙過程』、芦書房、1995 年、139 页。

最高不得超过 1 亿日元；企业及其他团体每年向公职候选人的资金管理团体的捐款限额，为其向政党及政治资金管理团体的捐款额的 1/2；第四，每年个人对政党及政治资金团体的捐款不得超过 2000 万日元；除对政党及政治资金团体的捐款之外，个人参与的其他政治活动捐款不得超过 1000 万日元；第五，每次政治资金募集会不得从同一人处接受超过 150 万日元的等价支付。在一次政治资金募集会中，捐款超过 20 万日元以上或每年的政治捐款超过 5 万日元以上者，必须登记捐款人的姓名及金额。此外，《政治资金规正法（修正案）》还加强了对违法行为的制裁：提高了相应的罚金额度，对违反《政治资金规正法（修正案）》的个人剥夺其在一定时期内的公民权利，在此期间不得参加一切选举活动。

表 4 - 2　第 129 届国会政治改革法案各案（政治资金）

事项		联立政府案	自民党案	修正政府案	最终妥协案（第 129 届国会）
团体数的限制	资金管理团体	○1 个团体	—	—	○1 个团体
	资金筹措团体	—	○2 个团体	—	—
企业·团体捐款的对象	政党·政治资金团体	○	○	○	○
	资金筹措团体	—	○2 个团体、每年各 24 万元	—	—
	资金管理团体	—	—	—	○1 个团体、每年 50 万元
企业·团体捐款的总额限制（每年）	政党·政治资金团体	750 万元至 1 亿元	1125 万元至 1 亿 5000 万元	—	750 万元至 1 亿元
	资金筹措团体	—	政党·政治资金团体的 1/3	—	—
	资金管理团体	—	—	—	政党·政治资金团体的 1/2
个人捐款的总额限制（每年）	政党·政治资金团体	2000 万元	2000 万元	—	2000 万元
	资金筹措团体	—	—	—	—
	资金管理团体	—	—	—	—
	其他	1000 万元	1000 万元	—	1000 万元

续表

事项	联立政府案	自民党案	修正政府案	最终妥协案（第 129 届国会）
每次政治资金募集会从同一人处接受等价支付的限制	—	—	—	150 万元
每次政治资金募集会的大笔政治资金来源公开标准	5 万元以上	50 万元以上	20 万元以上	20 万元以上
捐款的标准（每年）	5 万元以上		—	5 万元以上

资料来源：佐々木毅『政治改革 1800 日の真実』、講談社、1999 年、486 頁。笔者对部分内容做了改动。

注：○表示法律允许的情况。本表格中的"元"均指"日元"。

值得注意的是，根据《政治资金规正法（修正案）》，尽管企业或其他团体可以通过指定的资金管理团体向政治家个人提供政治资金，但是日本国会于 1999 年 12 月 15 日又通过了新《政治资金规正法（修正案）》，规定从 2000 年 1 月起全面禁止企业、行业团体向政治家个人的资金管理团体提供捐款。[①]

从上述内容来看，《政治资金规正法（修正案）》主要有两大特点：首先，通过具体规定，加强了对政党、政治资金团体、政治家个人等接受政治资金的来源、数额的限制，增加了政治资金的透明度；其次，加强对政治家个人接受政治捐款的限制与监管，特别是限制直至禁止政治家个人接受企业的政治捐款，使政党逐渐成为选举的中心。

为了促进政党政治以及民主政治的健全发展、消除政治腐败现象，日本国会在通过上述法案的同时，也通过了《政党助成法》。其宗旨是通过国家向政党提供政治资金，促进政党政治的发展。该法案规定对政党的补助金总额按照每位国民 250 日元计算，每个政党应得的补助金数额按照该党所属议员数额以及国会选举中的得票数算定。[②]

第二节　1994 年政治改革后的各党派政治家后援会

选举制度改革和《政党助成法》等相关法律的颁布，主要目标是消除

[①]　徐万胜：《政治资金与日本政党体制转型》，《日本学刊》2007 年第 1 期。

[②]　王新生：《日本简史》，北京大学出版社，2005，第 218 页。

日本政治腐败、促进政党政治的发展。然而，日本政治中的后援会组织却没有如制度设计者所预想的那样被削弱甚至消除，而是继续保持了长期的发展。

一 政治改革后各党派政治家后援会的运作情况

1994 年政治改革以后，曾经作为政治家与同一政党的候选人竞争的秘密武器而存在的政治家后援会组织，并没有随着中选区制的终结而消失。那么，在政治改革至今的 20 多年里，政治家的后援会是怎样运作的呢？这一部分将通过案例分析等方式，对各党派（包括自民党、公明党、共产党、无党派）政治家后援会的实际生态进行考察，分析当前日本政治家后援会的运作情况。

（一）自民党政治家的后援会

1. 后援会的交换与转让

选举制度改革以后，原来全国的 129 个中选区重新划分为 300 个小选区，与此同时，全国划分为 11 个比例代表选区。选举区的重新划分导致政治家苦心经营的选举地盘被切割，甚至以前居住在候选人选区的一些个人后援会成员被划分到了其他选区。为了应对新选举制度带来的变化，最大限度地利用自己既有的后援会网络在新一轮选举中获胜，同属一党的政治家之间甚至开始互相交换或转让自己的后援会成员。由于自民党政治家的人数众多，其后援会的交换与转让活动也最具有代表性。下面，以自民党议员额贺福志郎的后援会为例，考察自民党政治家后援会在新选举制度下的调适情况。

自民党议员额贺福志郎的选区是茨城县新二区，这一地区具有农村选区的鲜明特点，同时也是自民党的传统选举地盘。因此，该地区的选举情况对于反映选举制度改革给后援会组织带来的变化具有一定的典型意义。

在选举制度改革前的最后一次众议院选举（即 1993 年举行的第四十届众议院选举）中，额贺福志郎作为茨城县第一区的候选人参加竞选。当时，该选区的众议员定额为 4 名。在这一选区参选的，包括三位自民党候选人——额贺福志郎、中山利生、叶梨信行，以及其他政党的几位候选人。

为了竞选成功，额贺福志郎不仅要与其他政党的候选人竞争，还要与另外两名自民党的候选人争夺选票。最终，额贺福志郎在其个人后援会的有力支持下，成功当选议员。

1994 年选举制度改革直接导致了选区范围的调整，也使额贺福志郎所属的选区发生了变化。在 1996 年举行的第四十一届众议院选举中，他要在新划定的选区——茨城县新二区参加竞选。尽管额贺福志郎传统的选举地盘（即个人支持率较高的地区）的大部分被划入了新二区，然而，以 1993 年众议院选举时的数据为基准，茨城县新二区的选民总数为 32 万人，额贺福志郎在这一地区的得票总数仅有 7.7 万张。从得票数来看，额贺福志郎在新选区中的支持率并不能确保他在新一轮的选举中成功当选。为了提高支持率，额贺福志郎与他的支持者们开始千方百计地寻找获得更多选票的方法。①

在选区调整以后，曾经在茨城县第一区选举中与额贺福志郎竞争的自民党候选人中山利生被划入了另一选区——茨城县新三区，另一位自民党候选人叶梨信行则作为比例区的候选人参加选举。为了确保在新一轮的选举中当选，额贺福志郎决定与同属一个派阀的自民党成员中山利生合作，将新二区中原来中山的支持者争取过来。具体做法是：①额贺福志郎与中山利生互相将自己的支持者介绍给对方；②双方交换各自的后援会成员名单；③在彼此的支持者集会上两人同时出席，呼吁自己原来的支持者在新一轮选举中投票给对方；④拜访刚刚由对方介绍给自己的选民的家庭，请求这些选民支持自己。后援会成员名单的交换，是由额贺福志郎主动提出并积极推动的。② 通过这些活动，额贺福志郎成功地将新二区中原来中山利生的一部分后援会成员转化为了自己的支持者，而中山利生则将额贺福志郎的一部分后援会成员吸收到了自己的后援会中。就这样，在选举制度改革后的首次众议院选举中，额贺福志郎在茨城县新二区以 61.9% 的得票率顺利当选，中山利生在茨城县新三区以 50.0% 的得票率也成功当选。

在选区重新划分以后，自民党政治家利用自己既有的政治资源互相交

---

① 大嶽秀夫『政界再編の研究：新選挙制度による総選挙』、有斐閣、1997 年、123 頁。
② 大嶽秀夫『政界再編の研究：新選挙制度による総選挙』、有斐閣、1997 年、126 頁。

换与转让后援会的现象广泛存在，额贺福志郎在茨城县新二区的行动仅是其中的一例。政治家之间互相交换与转让后援会名单、后援会成员的支持等现象，充分证明后援会已经成为政治家个人的政治资产。

2. 后援会的运作

2002 年 8 月，朝日新闻社主办的月刊《论座》发表了题为《创造新的政治文化——个人资金·秘书·陈情处理全公开》的调查报告。[①] 这篇报告记录了当时的自民党参议院议员山本一太、自民党众议院议员水野贤一的资金往来情况，其中有相当一部分篇幅涉及自民党议员后援会的运作情况。

首先，这两位议员均拥有自己的个人后援会组织，其主要的支持者都是承袭自父辈政治家的。换言之，两位政治家均继承了父辈政治家的后援会组织。

其次，两位议员后援会的活动情况有所差别。山本一太的后援会活动非常活跃。在山本一太的选区前桥市，当地二十个小地区中的十七八个地区设有"山本一太后援会"。在选举间歇期，山本一太要定期返回自己的选区，深入听取后援会会长、干部等的意见，了解选民的政策意见，并尽量在国会提案中将这些意见反映出来。每年，山本一太要在选区内举行一次"国政报告会"，向后援会成员汇报自己的政治活动情况等。通过这些活动，"山本一太后援会"成为选民意见上下通达的渠道。在反映政策建议的同时，山本议员还在努力经营与后援会成员的情感关系。由于选举期间议员候选人的活动受到法律的严格限制，即便后援会成员或其家属的冠婚葬祭等仪式也不能赠送礼金，山本一太就采用发唁电、贺电的方式表达自己的慰问。即便如此，这笔支出每年也要达到几百万日元。

与山本后援会的活跃形成鲜明对比，同属自民党的水野贤一议员的后援会则暂时处于休眠状态。水野贤一的后援会之所以处于休眠状态，与他当时担任外务大臣政务官不无关系，同时他也希望将活动的范围扩展到后援会以外，依靠资金募集会得到企业的支持。尽管水野贤一的后援会暂时处于休眠状态，但他表示未来也许会重新启动后援会，因此目前并不想将

---

① 『新しい政治文化をつくりたい：全公開私の資金・秘書・陳情処理』、朝日新聞社：『論座』、2002 年 8 月。

后援会解散。事实上，从水野贤一的公开收入明细可以看出：在 2002 年 1~5 月，其后援会会员费、议员个人党费返还的收入共计 40000 日元。与此同时，该项收入被加入了这样的备注：加入水野后援会的每位成员需缴纳 5000 日元。[①] 这从侧面显示出即使后援会处于休眠期，后援会的规章依然存在，后援会的资金往来仍在进行。

通过以上分析可以看出，1994 年政治改革以后，自民党政治家的后援会组织仍旧存在，并且一部分政治家后援会的活动仍旧非常活跃。同时，受到《政治资金规正法》等法律的约束，政治家在资金运作上更加谨慎：一是政治家不再直接接受企业捐款，政治捐款开始向政党集中，再由政党支部分配给政治家；二是政治家在与后援会成员的日常往来中（冠婚葬祭等）对于金钱关系的处理更加谨小慎微，时刻避免碰触法律的红线。

（二）公明党政治家的后援会

在目前对日本政治家后援会的研究中，以自民党政治家的后援会为中心展开的分析较为多见，[②] 对公明党政治家的后援会的研究较少。在《地方议员的集票行动——地区推荐与后援会》一文中，作者北野雄士首次指出了公明党、共产党议员和自民党、社会党等其他政党的议员在个人后援会持有率方面有所差别，但是对于公明党政治家后援会的运作方式和特点未有涉及。[③] 目前学界对于公明党政治家的研究，大都也是从其与创价学会的关系角度展开分析的。

不可否认，由于公明党和创价学会的深厚渊源，相比其他政党，公明党政治家确实颇具神秘色彩。那么，公明党政治家的后援会究竟是怎样运作的，又具有怎样的特点呢？为了解答这一问题，笔者在东京都展开了实地调查，试图通过个人访问和实地研究，考察如今公明党政治家后援会的

---

① 水野賢一『企業の支援はパーティーで後援会の外にも 活動を広げたい』、『新しい政治文化をつくりたい：全公開私の資金・秘書・陳情処理』、朝日新聞社『論座』、2002 年8 月。

② 包括五十嵐暁郎『代議士後援の精神的組織的構造——モデルとしての越山会』、『思想』第 779 号、1989 年、79～99 頁；山田真裕『自民党代議士の集票システム：橋本登美三郎後援会、額賀福志郎後援会の事例研究』、1993 年；等等。

③ 北野雄士『地方議員の集票行動——地区推薦と後援会』、『ソシオロジ』、No. 30、1985 年。

运作方式，总结其结构特点，并探究公明党政治家当选的秘诀。

1. 公明党与创价学会的历史渊源

创价学会作为日本当代最大的宗教文化团体，对日本的政治、经济和文化等各方面都产生了深刻的影响。作为公明党的母体，创价学会成立于1930年，是日本佛教派日莲正宗的宗教团体；公明党，最初是作为创价学会内的一部分——"文化部"而诞生的。1961年，"公明政治联盟"的诞生标志着公明党迈出了从形式上独立于创价学会的第一步。1964年，公明党正式结党，并将坚持"中道路线"、坚持稳健的政治路线、提倡和平主义作为该党的基本政策主张。尽管如此，在独立初期，公明党仍旧与创价学会保持了紧密的联系。不仅公明党议员大都由创价学会干部组成，公明党候选人举行参选仪式时也要先到创价学会总部拜祭"本尊"。因此，这一时期被称为公明党和创价学会的"一心同体"时期。①

然而到了1970年，由于"言论出版妨害事件"②的发生，受到政教分离运动的影响，公明党纲领中与宗教相关的文字逐渐消失，公明党议员与创价学会的干部也开始剥离。伴随着公明党与创价学会"一心同体"时期的结束，两者"异体同心"的序幕逐渐拉开。③一方面，作为公明党的支持母体，创价学会与公明党仍旧保持着密切的关系，是支持公明党政治家的主要力量。另一方面，近年来公明党与创价学会在政策上产生分歧的情况也偶有发生。④尽管在如今的公明党政治家后援会中，既有创价学会的会员，又有非创价学会的成员，但不可否认的是，创价学会会员至今仍是公明党政治家最活跃、最有力的支持力量。

---

① 島田裕巳『公明党 vs. 創価学会』、朝日新聞社、2007年、3－12頁。
② 1969年，日本出现了对创价学会具有批判性言论的书籍，创价学会和公明党组织对该书的作者和出版社施加压力，妨碍了言论出版自由。媒体首先开始对这一现象进行抨击，很快，社会各界的有识者也对此进行抗议。"言论出版妨害事件"由此成为当时社会关注的焦点。为了避免事态的进一步扩大，创价学会会长池田大作在1970年第33届学会大会上，为妨碍言论出版自由公开致歉，并且池田本人也决定不参加政治选举活动，创价学会和公明党之间的政教分离由此开始。
③ 島田裕巳『公明党 vs. 創価学会』、朝日新聞社、2007年、3－12頁。
④ 特别是在自公（自民党和公明党）联立时期，在向伊拉克派遣自卫队的问题上，公明党赞成自卫队派遣，与创价学会的和平主义理念产生重大的分歧。

2. 公明党政治家后援会的结构特点

相比自民党政治家后援会，公明党政治家后援会在组织架构、人员构成、政治家和后援会成员的相互关系等方面都独具特色。

（1）组织架构

从组织结构来看，公明党政治家的后援会主要是以政党为中心的，并且形成了遍布全国的网络结构。

A. 以政党为中心形成后援会组织

在选举期间，为了给公明党候选人助选，后援会成员们都会付出艰苦的努力。难以想象的是，这些为候选人呕心沥血、默默付出的后援会成员，绝大多数在选举活动开始以前对所支持的公明党候选人几乎没有任何了解，甚至并不认识这一候选人。在选举开始以前，初次参选的公明党候选人也许仅仅拥有来自子女、亲戚、朋友等方面的支持，并没有固定的后援会组织。然而，一旦他（她）被公明党总部推举为该党在某一地区的候选人，公明党支部就开始积极推动其在当地的后援会成员支持这一候选人：首先，由公明党支部将该候选人介绍给党在当地的后援会组织；然后，后援会骨干迅速向各位会员介绍该候选人的履历等具体情况，再由后援会成员通过各种渠道为候选人进行宣传介绍、选票动员。这样，在选举以前，原来公明党的后援会成员一夕之间就成为公明党某一候选人的后援会成员，并为其当选积极地开展各种活动。[1]

由此可见，公明党政治家的后援会，大多并不是以某个政治家个人为中心而形成的，而是以政党为中心，通过党的地区支部的定期会议将后援会成员紧密联系在一起并指导他们的行动。也正是因为有了公明党的支持与推荐，原本支持公明党的后援会成员才会迅速团结在公明党的候选人周围，开始选举"作战"。换言之，公明党政治家的后援会成员中，除去政治家本人的子女、亲戚、朋友以外，绝大部分是由于支持公明党才支持该政治家的。

B. 遍布全国的支援网络

从组织结构来看，每一个公明党政治家的后援会都不是单独的、孤立

---

[1] 2010 年 7 月，笔者于东京都对公明党政治家后援会的运作情况进行实地调查，该内容是根据采访记录整理而来。

的，而是有着以党派为中心的、遍布全国的支援网络。这种全国性网络布局，是公明党政治家后援会的另一鲜明特色。

首先，以机关报纸《公明新闻》为中心，公明党通过日刊和周末特刊两种方式，由党总部及时地向全国的党员和后援会成员通报本党的最新活动情况，将全国各地的支持者紧密地联系在一起。

其次，在每次全国性大选开始以前，公明党总部都要专门制作简单便携的宣传单，不仅介绍本党在全国各选区参选的诸位候选人信息，还会附上对小选区比例代表并立制的投票方式的简要说明，对保障公明党候选人在各选区的得票率产生了重要作用。通过阅读这种宣传单，各地的后援会成员不仅能够迅速了解当地的公明党候选人的情况，还能够及时掌握在其他选区参选的公明党候选人的信息，从而为后援会成员们利用自身人脉跨区支援本党候选人提供了便利条件。例如，住在东京都的 Y 女士，就曾接到住在北海道的公明党后援会成员专门打来的电话，请求她支持东京选区的公明党参选人。不仅如此，如果某一地区的公明党候选人的竞争对手非常强大，其他地区的一些公明党后援会成员甚至会专门搭乘飞机，从北海道或者冲绳等地出发专程前往，对公明党候选人的选举活动进行支援。①

笔者实地访谈了选区为 S 区的公明党政治家 N 先生。N 先生提出的关于改革银行卡相关法律的提案在国会通过并在全国实施推动了法律对储户利益的保障。N 先生也因此受到了许多当地选民的支持。尽管在 S 区 N 先生已经家喻户晓，但是作为参议院候选人，他仍旧不能保证击败本选区内的来自其他政党的对手，达到足够的当选票数。为了使 N 先生顺利当选，公明党后援会在全国展开了积极的宣传活动。第一阶段，公明党总部通过《公民新闻》、选举宣传单等向全国的公明党支持者介绍 N 先生。第二阶段，S 区和其他选区的公明党后援会成员们得知 N 先生参加参议院选举的消息后彼此互相通告。第三阶段，各个地区的公明党政治家后援会成员通过电话、书信等方式对自己的朋友们进行宣传，希望他们支持 N 先生。通过这样的口口相传，甚至连远在北海道和冲绳的公明党后援会成员也都知道了 N 先

① 2010 年 7 月，笔者于东京都采访公明党后援会骨干成员，此处由采访记录整理而来。

生即将参选的信息，再通过各种途径通知自己在S区内居住的有选举权的朋友，有效地提高了N先生的支持率，使其在当年的选举中顺利地当选为参议院议员。①

由此可见，以全国范围内发行的《公明新闻》和各种宣传单为媒介，公明党政治家的后援会形成了一个全国性的组织网络，使得各地的公明党后援力量能够遥相呼应，从而有效地提高了公明党政治家的得票率和当选成功率，进而保障了公明党在国会始终保持着一定的议席。

（2）人员构成

在人员构成上，公明党政治家的后援会可谓"双重后援会"：一方面，它包含了政治家私人支持者和政党支持者双重力量；另一方面，它的成员既有创价学会会员，又有非创价学会会员。

A. "双重后援会"：政治家个人支持者与政党支持者的合体

总体来说，公明党政治家的后援会包括两类人群，一是政治家的私人支持者，二是公明党的支持者。这是公明党政治家后援会区别于其他政党政治家后援会的一个显著特点。

不可否认，与其他政党的政治家一样，公明党政治家的亲戚、朋友及其他关系密切的个人，是政治家在选举中不可或缺的支援力量。由于个人的亲缘关系，这些人是政治家竞选过程中活跃的"助选运动员"。然而，对于公明党政治家来说，除了这些支持者以外，更重要、更有力的支持来自于自己所属的政党的支持者。在获得了公明党总部的推荐和支持后，公明党政治家将会得到来自本地和全国其他地区的公明党后援会成员的支持。首先，在选举区内，公明党后援会成员将积极组织助选活动，包括街头宣传、传单发放、电话访问等等。其次，如前所述，其他选区的公明党后援会成员也将积极加入为该政治家助选的队伍。总之，无论是平日里与选区民众关系的维护，还是选举期间的宣传，在公明党政治家的后援会中，政治家自身的支持者和政党的支持者始终并存。

可以说，公明党政治家的后援会，是集合了个人与政党双重力量的后

---

① 2010年7月，笔者于日本采访公明党后援会骨干成员，此处由采访记录整理而来。

援会组织。这一特点，令公明党政治家的后援会比其他政党政治家的后援会动员能力更加强大，有利于公明党政治家的当选。

B. "双重后援会"：创价学会会员与非会员的组合

在公明党政治家的后援会中，既有来自创价学会的成员，也有以个人身份加入的一般成员。这是公明党后援会区别于其他政党后援会的另一特点。

由于公明党与创价学会的渊源以及公明党长期以来一直坚持"中道路线"、坚持稳健政治路线的总体方向以及提倡和平主义的主张，创价学会会员至今仍是公明党政治家最活跃、最有力的后援力量。许多创价学会会员都认为公明党政治家与自己拥有共同的信仰和理想，因而愿意竭尽全力支持公明党政治家当选。对此，一些公明党政治家后援会的成员指出，"在选举期间，从事街头宣传、后勤服务等的志愿者，大部分都是创价学会的会员。"①

然而，仅仅依靠创价学会会员的支持，对于公明党政治家来说是不够的。通过各种努力，公明党政治家也得到了许多并非来自创价学会的民众的支持。在选举期间，他们为了帮助自己支持的公明党候选人进行宣传，经常通过在自己家中录影并制作 DVD 光盘的方式，明确表达自己支持某一公明党候选人的立场，再将 DVD 光盘送给自己的亲戚朋友，以此帮助公明党候选人获得更多的支持。②

（3）相互关系

由于很多公明党政治家的后援会成员与该政治家并没有密切的私人关系，而是出于对公明党的支持而支持该政治家的，因此，与其他政党的政治家后援会相比，公明党政治家的后援会成员们更加强调自己与政治家的平等地位，这几乎已经成了公明党政治家后援会的一种文化。

即使是那些已经当选为地方议员或国会议员的公明党政治家，在后援会成员看来，也不过是依靠自己和各位后援会成员的支持才能够当选的。因此，对这些后援会成员而言，当选的公明党议员并不是特别的人物，而是与后援会成员一样的普通人。久而久之，强调后援会成员与政治家之间

---

① 这段表述，是笔者在东京都进行实地调查时，接受采访的公明党政治家后援会成员所言。
② 2010 年 7 月，笔者于东京都采访公明党后援会骨干成员，此处由采访记录整理而来。

的平等地位，就成了公明党后援会成员的一种强烈意识。正因如此，这些后援会成员认为，一旦自己有任何要求就有权利直接向公明党政治家提出，对方也有义务和责任认真对待并竭尽全力帮助自己解决问题。不仅如此，后援会成员甚至能够经常列席公明党地区支部的会议，并在会议上直接地表达自己的各种意见和诉求。①

由以上分析可以看出，公明党政治家的后援会在组织结构、人员构成、相互关系等方面独具特色。这些特点，决定了公明党政治家的后援会具有很强的动员与组织能力，使得公明党政治家往往能够在选举中脱颖而出，这也正是公明党政治家当选的一个秘诀所在。

3. 公明党政治家后援会的运作方式

为考察公明党政治家后援会的运作方式，下面主要从日常运作和选举期运作两个方面对公明党政治家后援会的运作情况进行分析。

（1）日常运作

公明党政治家的后援会主要是以政党即公明党为中心而建立的，因此，其组织体系多是以地区为单位进行划分的，如"公明党××市后援会"、"公明党××区后援会"等。

在中央，公明党主要通过发行党的机关报纸《公明新闻》向本党党员、后援会成员通报该党政治家在各个地区的最新活动情况。从价格上看，《公明新闻》比《朝日新闻》和《每日新闻》等在全国范围内公开发行的综合性报纸售价稍低，分为日刊和周末特刊两种。《公明新闻》既向全国党员和后援会成员发布最新消息，又对公明党政治家的政策进行深入分析，保证了全国各地的公明党党员及支持者及时互通信息。正是通过机关报纸的定期发行，公明党在全国范围内构建起了自身的通信网络，方便了后援会成员们及时了解所支持的政治家们的动向，也拉近了后援会成员与政治家之间的距离。

在地方，定期召开会议是公明党政治家与后援会成员沟通最常用的方式。在东京都 K 区，每个星期三晚 7 点半到 9 点是该地区公明党支部召开会

---

① 2010 年 7 月，笔者于东京都采访公明党后援会骨干成员，此处由采访记录整理而来。

议的时间，每次都有多名后援会成员前往旁听，并直接向政治家反映自己的意见和诉求。规模较大的地区型会议一般每月召开两次，出席会议的公明党党员和后援会骨干能够达到 30 人。① 尽管后援会成员在平时也可以很方便地与公明党政治家取得联系，但是利用政党的地区支部会议这一平台，公明党政治家和后援会成员之间保持了直接的、定期的沟通。不仅如此，在本地区居民集会的各种场合，如盂兰盆节、敬老日、秋季举行的小学运动会等，公明党政治家往往也会到场致辞。为了增进与当地选民的感情，公明党政治家还时常亲自参加当地组织的运动会，与居民们一起竞技。对于后援会成员家中举行的"冠婚葬祭"仪式，公明党政治家本人更是尽可能亲自前往参加。

（2）选举期运作

选举期间是公明党政治家后援会活动最为活跃的时期，候选人参选的街头宣传、后勤服务等环节都有后援会成员的参与。

为了帮助公明党政治家进行宣传，许多后援会成员都会前往助阵，有些人甚至专门向公司请假，在一周左右的时间里作为助选志愿者为公明党候选人提供义务服务，全力支持公明党政治家的选举"作战"。首先，从街头宣传来看，为了发放候选人的个人宣传单，即使烈日当头，后援会成员也一般要在街头连续工作 3~5 个小时。这样的发放工作一般要持续 3 天左右。② 除了发放传单，乘坐宣传车在选区内进行街头游说也是助选活动的重要环节。无论是司机、宣传车中的"播音员"还是旗手，一般都是由后援会成员担任。为了体现候选人参选的真诚态度，利用宣传车进行的街头政策宣讲一般不使用可以反复播放的录音，而是由候选人本人或者其后援会的成员在宣传车中按照事前写好的内容进行演说。如果演说的声音过小，离宣传车所在位置较远的人们就不能清楚地听到宣讲的内容。为避免出现这种情况，自街头宣讲的前两周起，计划进行宣传车广播的志愿者们就要开始艰苦的发声训练，训练的地点一般是某个后援会成员的住所。在笔者的实地调研中，一位接受采访的 S 女士就是后援会中参加发声训练并进行宣传

---

① 2010 年 7 月，笔者于东京都采访公明党后援会骨干成员，此处由采访记录整理而来。

② 2010 年 7 月，笔者于东京都采访公明党后援会骨干成员，此处由采访记录整理而来。

车广播的"播音员"。S 女士指出："在为期两个星期的训练中，每次大约有十人参加，其中既有女性志愿者，也有男性志愿者。尽管训练和现场广播都很辛苦，但是大家为了能够帮助公明党候选人当选，再苦再累也不会有怨言。只有这样，才能保证在正式宣传时，可以有几名后援会成员轮流进行广播。"①

与此同时，一些后援会成员还为公明党政治家的参选提供后勤服务。包括负责各个后援会成员之间的联络工作，为进行街头宣传等选举活动的候选人及后援会成员订购饮料、餐点等。

由于后援会成员在选举"作战"中义务参与街头宣传、后勤保障等服务，一旦候选人当选，一般都会举办餐会，邀请为自己的竞选而辛勤工作的后援会成员共同进餐，以表示感谢。然而根据 1994 年的《公职选举法（修正案）》，当选的政治家邀请选区居民吃饭属于违法行为，因此，参加这样的餐会，后援会成员也都必须支付一定的费用，一般从几千到 1 万日元不等。参会的人群中，往往有一半左右为创价学会会员，而另一半则是非创价学会会员。这样的餐会，进一步拉近了后援会成员和当选的公明党政治家之间的关系。②

综上所述，由于公明党政治家后援会与创价学会的深厚历史渊源，其日常运作和选举期运作独具特色。公明党政治家的后援会，从组织结构来看，是以政党为中心的、遍布全国的支援网络；从人员构成来看，它可谓是"双重后援会"：一方面，它集合了政治家个人支持者和政党的支持者两种力量；另一方面，它的成员中既有来自创价学会的成员，又有以个人身份加入的成员；从相互关系来看，与其他政党的政治家后援会相比，公明党政治家的后援会成员更加注重自己与政治家之间的平等地位。正是由于汇集了这些特点，公明党政治家的后援会具备了很强的动员与组织能力，使得公明党政治家往往能够在选举中脱颖而出，长期在日本竞选政治中保持着较高的当选比率。

（三）　日本共产党政治家的后援会

在 1994 年政治改革以前，日本共产党的后援会就长期存在且持续发展。

---

① 2010 年 7 月，笔者于东京都采访公明党后援会骨干成员，此处由采访记录整理而来。

② 2010 年 7 月，笔者于东京都采访公明党后援会骨干成员，此处由采访记录整理而来。

选举制度改革以后，由于小选区制有利于大党而不利于小党当选，日本共产党的主要竞争目标不是小选区的议员席位，而是比例代表选区的议员席位。与自民党政治家的后援会不同，共产党政治家的后援会不是以政治家个人后援会的形式存在，而是以政党的后援会的形式存在的。在活动中，后援会与党的支部组织密切配合，是日本共产党后援会的鲜明特色。

下文将以东京都文京区共产党后援会为例，分析日本共产党政治家的后援会组织。

1995 年 11 月，日本共产党东京都文京区委员长千叶治男在该党的理论刊物《前卫》上发表了一篇题为《关于后援会活动发展的思考》的文章，较为详细地介绍了日本共产党东京都文京区后援会的活动情况。

首先，在日常活动中，以后援会事务所为中心，党组织与后援会密切配合。例如，每周面向后援会成员举办关于生活、医疗等问题的咨询活动，定期组织"党的宣讲"学习会，每年组织三次旅行活动等。除了以上丰富多彩的活动，为了听取后援会成员对本地区发展的意见，该地区后援会干事每月召开两次常任理事会议、一次理事会议。在会上，党的地区委员长和副委员长共同出席，讨论当前局势和各种问题，并对后援会提出要求。同时，后援会成员也向党的代表提出要求、意见等，再由党的地区委员会推动将这些意见反映到党的方针政策中去。其次，在选举期间，地区党组织与后援会组织密切配合，共同为候选人开展各种选举活动。[①] 对于共产党候选人来说，无论是在日常活动还是在选举活动中，后援会与党组织密切配合，发挥了重要的作用，因此日本共产党的候选人在当选以后，一般会立即对政党和后援会组织表达感激之情。[②]

值得注意的是，日本共产党特别注重发展其后援会组织。1995 年，已经具有二十几年后援会活动经验的日本共产党文京区后援会会长丰田匡介曾经强调指出："为了赢得选举的胜利，有必要建设规模更大、组织力更强

---

① 千葉治男『後援会活動の発展を考える：東京・文京区にみる地方選挙・参議院選挙時における活動をめぐって』，『前衛』，No. 666，1995 年 11 月、162 頁、164 頁。

② 『党と後援会に感謝いっぱい：比例も 最高得票を突破』、『前衛』，No. 703，1998 年 9 月、14 頁。

的日本共产党的后援会，为此要实施以下四项具体方针：①不仅在选举期间开展活动，还要重视后援会的'日常活动'；②为了增强党的宣传能力，应重视后援会的学习活动；③每月召开两次区后援会负责人的会议，反复讨论以推动后援会的强化与扩大；④每月发行《后援会新闻》，并确保报纸发行渠道的稳定。"①

那么，日本共产党为何如此强调后援会组织的发展呢？其动因主要有两点：一是集票，二是促进党组织的发展。

首先，争取选举中的浮动票是日本共产党不断强化后援会组织的最重要原因。在选举制度改革为小选区比例代表并立制以后，相对于自民党这样的大党来说，日本共产党这样的小党在小选区内没有竞争优势。因此，比例代表选区选举成为日本共产党关注的核心。为了赢得选举，获得那些不固定支持某一政党的选民的支持（亦即浮动票）对日本共产党来说极为重要。对此，日本共产党东京都文京区委员长千叶治男这样指出：文京区的共产党支部组织的目标，是得到有选举权的票数的 27%。从东京都来看，一旦得票率达到 20%，在比例区的选举中，共产党的候选人就能全部当选。② 为了赢得选举，仅仅依靠党员的选票无疑是不够的，后援会就成为日本共产党开拓新票源的重要途径。

其次，发展后援会有助于促进日本共产党党组织的建设。定期组织的后援会成员学习活动，定期向后援会成员进行的关于党的纲领、政策的宣讲活动，定期召开的党支部与后援会的联合会议，不仅使民众对日本共产党更加了解，还加强了对《赤旗》等党的机关报纸的宣传，令党报的读者群体不断扩大，为发展新党员创造了条件。在此基础上，日本共产党干部甚至还提出了"必要时可在后援会大胆配置党的干部"的设想。③

由此可见，后援会组织不仅在日本共产党的选举中发挥着重要作用，

① 千葉治男『後援会活動の発展を考える：東京・文京区にみる地方選挙・参議院選挙時における活動をめぐって』、『前衛』、No. 666、1995 年 11 月、158–159 頁。
② 千葉治男『後援会活動の発展を考える：東京・文京区にみる地方選挙・参議院選挙時における活動をめぐって』、『前衛』、No. 666、1995 年 11 月、166 頁。
③ 千葉治男『後援会活動の発展を考える：東京・文京区にみる地方選挙・参議院選挙時における活動をめぐって』、『前衛』、No. 666、1995 年 11 月、165 頁。

也对党的建设与未来发展至关重要。进一步密切后援会与日本共产党地区组织的关系，通过后援会的日常活动推进党的建设，成为选举制度改革后日本共产党后援会发展的方向。

（四）无党派政治家的后援会

以上我们考察了自民党、公明党、共产党政治家后援会的运作情况，事实上，在当前日本政党频繁分化重组的情况下，日本政界还存在着大量的无党派政治家。这些无党派政治家是否拥有后援会，其后援会组织又是怎样运作的呢？在本部分，笔者将以实地调查取得的第一手资料为基础，以日本长野县无党派政治家为例，分析1994年政治改革后无党派政治家后援会运作情况。

1. 长野县无党派政治家后援会的基本情况

此次实地调查，笔者的访谈对象既包括无党派政治家，也包括他们的后援会成员。其中，接受访谈的四位无党派政治家分别是：长野县议员M女士、S市市长Y先生、S市议员K先生、长野县议员候选人H先生。笔者将这些政治家后援会的基本信息整理为表4-3。

从表4-3可以看出以下几点。

第一，在四位无党派政治家中，只有H先生的后援会是继承而来的，其他政治家的后援会均是由政治家本人自己创建的。

第二，从人数上看，现任县议员M女士的后援会人数最多，达到了12800人；县议员候选人H先生的后援会由于刚刚成立不久（4个月），人数最少。

第三，从后援会成员的性别来看，3位政治家后援会成员以女性居多，只有Y先生的后援会例外。然而，即便该后援会以男性成员为主，"为数较少的女性成员的动员能力也远远大于男性成员"。① 换言之，女性因为具有细心、活动能力强等特点，在后援会的宣传活动中具有重要作用。

第四，从后援会成员年龄来看，除K先生没有对该问题做出明确回答以外，M女士与Y先生的后援会成员以年长者居多，H先生的后援会成员

---

① 根据笔者对该后援会负责人的访谈整理。

多为 40 岁以下的中青年人。

第五，从后援会会长的身份来看，有三位政治家的后援会会长是该政治家居住地区的区长或有名望的长者（均为 60 岁以上），只有 H 先生的后援会会长相对较为年轻（42 岁）。从后援会骨干成员的人数来看，对这一问题做出了回答的 M 女士与 K 先生均有 20 人左右的骨干会员。

第六，从后援会成员的发展途径来看，四位政治家均是依靠自己的血缘关系、地区关系发展自己的后援会成员的。这其中，因为 M 议员在参加县议员选举之前曾经在高中任教近 20 年，因此其后援会中有相当一部分成员是已经退休的教师。① 与此同时，该议员还组织了妇人问题研究会、残障者协会等，这些协会的成员大都也是该议员的后援会成员。H 先生因为在参选议员以前曾经组织年轻的经营者们成立 "青年活动会"，在其决定参加县议员选举以后，以前 "青年活动会" 的会员们基于对 H 先生的信任，大都也成为其后援会成员。另外，由于 H 先生的父亲曾经担任过市议员，那些支持其父亲的长辈们，在得知 H 先生参选以后，也组成了支持他的团体，即老年后援团。

第七，从后援会支部组织的个数来看，4 位议员中有 3 位拥有多个后援会支部。

第八，从日常活动来看，除成立不久的 H 先生后援会暂无常规性活动外，其他 3 位政治家的后援会均开展了丰富多彩的活动。通过新年会、赏樱会、望夏会、酒会、恳亲会、圣诞会、忘年会等定期活动，政治家与其后援会成员加强了沟通、增进了感情。

第九，4 位议员均非常重视选举间歇期的自我宣传。由于《公职选举法》对选举期间的明信片、宣传单、电话访问等均有严格的限制，因此选举间歇期的宣传活动就显得更为重要。从宣传方式上看，4 位议员均采用了发放明信片和宣传单的方式，及时发布和宣传自己的政治活动；与此同时，他们还定期对后援会成员及其他选民进行电话访问，积极了解他们的诉求。

---

① 　按照《公职选举法》第 137 条的规定，"教育工作者，不能利用其在教育地位上对学校的儿童、学生的便利进行竞选活动"。因此，除公民投票及法律允许的政治活动以外，在职教师不允许参加政治团体，但离职教师和退休教师不在该法律条款限定的范围之内。

M 议员与 K 议员还专门制作和发行了自己的报纸，定期对自己的政治活动进行宣传。

表 4 - 3   长野县无党派政治家后援会情况调查统计

	M 女士	Y 先生	K 先生	H 先生
继承与否	否	否	否	是
人数	12800 人	6000 人	3500 人	1100 人
性别	女性居多	男性居多（80%）	女性居多	女性居多
年龄	大部分为 50～70 岁	大部分为 60 岁左右	—	40 岁以下较多
会长	居住地的区长（80 岁）	居住地有名望的人（60 多岁）	居住地的区长（63 岁）	候选人的朋友、企业主（42 岁）
骨干成员	20 人左右	—	20 人左右	—
发展途径	血缘关系、地区关系、以前的同业者、妇人问题研究会、残障者协会	血缘关系、地区关系	血缘关系、地区关系	血缘关系、地区关系、青年活动会、老年后援团
支部组织	≥3 个	多个	1 个	多个
定期活动	忘年会、运动会、新年会	新年会、赏樱会、望夏会、酒会、恳亲会、圣诞会	新年会、老人球比赛、国内旅行	成立不久，暂无常规性活动
日常宣传	报纸、传真、明信片、宣传单、电话	明信片、宣传单、电话	报纸、明信片、宣传单、电话	明信片、宣传单、电话

资料来源：笔者根据在长野县的实地调查绘制，调查时间为 2010 年 7～8 月。
注："—"表示受访者对该问题没有作答。

2. 长野县无党派政治家后援会的组织运作

在后援会的组织发展、活动内容、运作效果及所受的法律制约等方面，多位无党派政治家的后援会也有一些共同的特征。

首先，在无党派政治家后援会组织的发展中，人情关系是最基本的纽带。

从后援会领导层来看，后援会会长往往是与政治家关系密切且在当地声望很高的人士。以 S 市市长 Y 先生为例，该政治家在 S 市 U 地区的后援会会长 N 先生是与其家族有近 50 年交情的长者。Y 先生已故的父亲比 N 先生大两岁，是 N 在大学时代的前辈。当时，两人同在长野县 S 市出生、同在位于东京的中央大学求学，建立了非常深厚的感情。1990 年，Y 先生的父亲去世前，将自己的儿子托付给 N 先生，说"我的儿子就拜托给你们了"。多年以后，Y 先生也成为中央大学的学生，并在毕业后担任了当时的国务大臣的秘书。他白天做国务大臣的秘书，晚上去夜大读书。N 先生作为长辈，受 Y 先生父亲所托，见证了 Y 先生的成长。因此，在 Y 先生决定参选地方议员并邀请 N 先生担任后援会负责人时，N 先生欣然同意，并担任了 Y 先生在 U 地区的后援会会长。[1] 可以说，密切、深厚的个人情感关系是连接政治家与后援会负责人的最重要的纽带。与此同时，后援会会长还是在当地有较高威望的人。一般来说，后援会的会长年纪越大，所拥有的人脉越广，人际关系网络也就越大。邀请有威望的人担任自己的后援会会长，不仅有利于提高候选人的声望，更有利于他们打开竞选局面、开拓自己的后援会和选举地盘。

从后援会成员来看，其骨干成员往往是政治家依靠自己的人际关系发展而来的。政治家建立自己的后援会，首先是依靠自己的人脉，一般是从亲戚、朋友、同行、邻居、老师等开始，再逐渐发展壮大。然后，通过这些人在其亲朋好友中进行宣传，邀请他们加入后援会。从地域角度来看，一般先从自己的户籍地开始，扩展到有较深厚关系的地区，然后再逐渐扩展到其他地区，一个地区一个地区地建立和扩大自己的后援会支部组织。可以说，对于相当一部分后援会成员来说，他们之所以加入后援会，往往是出于人情或对政治家人品的信任，而不是由于政治家所采取的政策。因此，即使是该政治家犯了错误，受到一般民众的质疑，后援会成员往往也会理解他、支持他，甚至相信他一定是由于某种不得以的原因才会这样做。换言之，以血缘、地缘等因素建立起来的后援会成员与政治家之间的情感关系，令后援会成员能够原谅政治家偶尔犯下的错误。

---

[1]　2010 年 8 月，笔者在日本长野县 S 市市长 Y 先生事务所对 Y 先生的哥哥、Y 先生在 S 市 U 地区的后援会会长 N 先生进行采访。这段内容由笔者根据采访记录整理而来。

其次，后援会在选举期间和选举间歇期都非常活跃。

在选举期间，后援会成员协助候选人积极开展选举活动。在选举开始前的 4~5 个月，后援会的骨干成员（一般为 15~20 人）就开始在后援会总部聚会，商量如何开展助选活动。例如，商量如何去托付自己的朋友、如何帮助候选人宣传、如何安排人力等问题，然后再去分头执行。在这一过程中，从后援会骨干成员中选出演讲会长非常重要。其目的是在召集后援会成员大会或候选人本人因竞选需要不能亲自参加时，由演讲会长代表候选人做政策宣讲和致谢。后援会成员还协助候选人进行选举中的各种准备工作：如安排出阵式、张贴宣传单、安排街头演说、规划宣传车的行车路线、安排宣传车上后援会成员的值班顺序、提供后勤服务等等。所有这些支援和帮助，都是后援会成员义务提供的，不向政治家收取任何报酬。

由于《公职选举法》规定了开展选举活动的期限（公职候选人提名之日起至相应的选举投票日前一日的时间内），[①] 对选举活动的参与人员、宣传媒介、交通工具、图文发布等均设置了严格限制，因此，仅在选举活动期间发动后援会成员是远远不够的，政治家更重视的是在选举间歇期通过后援会动员选票。在选举间歇期，无党派政治家本人或者其后援会的骨干成员，经常通过给后援会成员写信或者打电话的方式保持联络，了解他们的诉求。后援会成员在有事相托或是要表达自己的意见或想法时，也经常通过电话或者直接拜访政治家的事务所与政治家取得联系。对于政治家来说，在后援会运营中，最大的挑战莫过于维系与扩大后援会组织。选举活动的时间毕竟短暂，一旦选举结束，人们的热情就会逐渐平静下来。那么，如何在平日里保持和加强会员之间的联系、扩大后援会的组织呢？政治家们为此煞费苦心，开展了各种活动，于是就有了新年会、赏樱会、望夏会、酒会、恳亲会、圣诞会等名目繁多的后援会活动。这些定期举办的活动，一方面维系和增强了后援会成员与政治家之间的感情，另一方面巩固和发展了后援会的基层组织。这些在日常活动中建立起来的情感关系与人际网络，成为政治家在选举期间赢得胜利的有力支撑。为此，一些政治家坦言，

---

① 自由法曹团京都支部『新・自由にできる選挙活動：選挙法の解釈と実践』、かもがわ、1998 年、25 頁。

因为"选举是无止境的活动，所以后援会的活动也是永不停息的"。①

再次，从运作效果来看，后援会直接决定了无党派政治家能否当选。

对于无党派政治家来说，由于在选举过程中缺少来自政党的支持，动员选票的重任就完全落在了政治家个人身上。在这种情况下，只有政治家的个人后援会才能弥补因缺乏政党支持而造成的宣传、动员能力的不足。因此，对于无党派政治家来说，后援会是其当选的必备条件。后援会的基层组织越健全、动员能力越强，政治家在选举中的得票数就越有保障，其当选的概率就越高。"后援会就像政治家的血管，和政治家的各个活动环环相扣、不可分离。"② 没有后援会，无党派政治家就难以为自己动员到足够的选票，也就难以顺利当选。因此，无论是政治家还是其家人都非常重视后援会成员，将后援会成员视为"自己的守护神"。③

特别需要指出的是，由于政治家后援会的所有活动均受到《公职选举法》、《政治资金规正法》的严格约束，为避免触犯法律，无党派政治家们在经营后援会的过程中是非常谨慎的。例如，按照法律规定：在选举期间，选举办公室正式成立以后，政治家就不能任意发放传单或者明信片；每位县议员的候选人只允许发放 8000 张印有候选人照片的名片和 8000 张明信片。作为选举专用的明信片，它的设计风格、尺寸等由专门的选举委员会进行管理；在从邮局寄出时，候选人的明信片还会被加盖专门的邮戳，以此来严格控制发行数量。在这种情况下，借助后援会成员的宣传和动员能力，通过他们口口相传，向亲朋好友推荐自己支持的候选人并劝说他们投票给该候选人就变得非常重要。在选举中，尽管地方公共团体的议会等为参选的候选人提供一定的资金支持，但是这些资金对于支付选举费用来说是远远不够的。候选人的个人资金、后援会成员缴纳的会费及捐款、来自个人的捐款等是无党派政治家竞选资金的重要来源。然而，由于《公职选举法》的规定，选举结束后政治家出资设宴款待后援会成员或用金钱表达

---

① 2010 年 8 月，日本长野县 S 市议员 K 先生在接受笔者采访时的谈话。
② 2010 年 8 月，日本长野县 S 市议员 K 先生在接受笔者采访时的谈话。
③ 2010 年 8 月，笔者在日本长野县 H 先生的选举事务所进行采访时，H 先生的夫人在谈到后援会的重要性时如是说。

自己的感激之情均属于违法行为，因此，如何在法律允许的范围内妥善经营后援会、确保竞选成功，是政治家们一直面临的课题。

3. 长野县无党派政治家后援会的"情义"与"利益"

前面分析指出，后援会强大与否直接决定了无党派政治家能否成功当选。那么，无党派政治家们如何维系和强化自己的后援会呢？在实际活动中，"情义"与"利益"共同构成了维系后援会组织的纽带。

首先，"情义"是政治家后援会最初发展的基础。无论是后援会会长还是最初的骨干会员，大都是由于对政治家本人的人品、能力、热情等的欣赏才加入后援会组织的。如果父辈曾经从政，候选人决定参选以后，往往会受到其父辈支持者的支持，并将原来支持其父辈的人士纳入自己的后援会中。换言之，后援会的组建基于以往结下的"情义"。在调查中，一位后援会会长笑言："以前支持父亲，现在支持儿子参选的人，占到了后援会成员的 99.99%。"① 尽管实际上因为父辈之间的情义而支持子辈政治家的人员比例未必如此之高，但后援会中的情义因素确实在某种程度上助长了世袭政治的产生。在后援会建立以后，政治家极其重视在日常活动中培养与加深同后援会成员之间的感情，建立并巩固彼此之间的"情义"。以"情义"作为基础，后援会成员坚定地将选票投给该政治家，甚至竭尽全力为其开展助选活动。坚实的"情义"基础，促使后援会成员在政治家犯错甚至违法犯罪时往往仍能给予谅解甚至继续予以信任。

其次，"利益"是政治家后援会持续发展的动力。在选举过程中，后援会成员废寝忘食、不畏寒暑帮助政治家宣传。政治家一旦当选，就自然而然地考虑如何回报自己的后援会成员。因此，当后援会成员请求政治家帮助或是向政治家提出政策建议时，政治家也会尽自己的一切努力为其服务。在竞选成功以后，政治家对后援会成员的"利益回馈"是其后援会持续发展的动力。当然，这里所指的"利益"未必仅仅是对私人事务的关照，也包括接受会员对地区事务的意见或设想等。倘若政治家未能认真听取支持者的意见，未能在其提案中反映这些意见，便很可能失去这些会员的支持，

① 2010 年 8 月，笔者在日本长野县 H 先生选举事务所进行采访时，H 先生的后援会会长 L 先生的谈话。

从而在下一次选举中失去部分选票。长此以往，政治家的后援会就会逐渐萎缩，进而导致"票田"的不稳定，甚至令政治家失去连任的机会。

当然，由于上述无党派政治家均集中在长野县，其代表性具有一定局限性。尽管如此，这些政治家后援会的情况却真实反映了在城市化已经高度发展的今天，日本的乡村地区仍旧广泛存在着传统的人脉关系，以及以此为基础产生的政治家后援会组织。"情义"夹杂着"利益"，是政治家后援会建立与发展的关键因素。

（五）各党派政治家后援会运作情况小结

综上所述，1994 年政治改革以后，中选区制被小选区比例代表并立制所取代，结束了同一政党的候选人在一个选区内互相竞争的局面，然而，政治家后援会组织却没有随之消失。事实上，后援会组织在日本政治生活中仍旧长期大量存在。

公明党政治家的后援会集合了政治家个人的支持者和政党的支持者；日本共产党政治家则发展起了以政党为中心的后援会。从总体上看，公明党政治家的后援会、日本共产党的后援会均与其政党的支部组织建立了紧密的联系，具有极强的动员能力和综合协调能力，帮助公明党政治家、日本共产党政治家在选举中脱颖而出，公明党、日本共产党也因此长期在日本竞选政治中保持着较高的当选比率。

与日本共产党、公明党政治家的后援会不同，自民党、无党派政治家的后援会一般是以政治家个人为中心建立的集票组织，政治家所属的政党与其个人后援会之间几乎没有直接的联系。在日本城市化已经达到较高水平的今天，政治家个人的后援会组织在城市、乡村仍旧广泛存在。

尽管 1994 年政治改革的目标之一是改变过去以政治家个人为中心的选举，实现以政党、政策为中心的选举。[1] 以政治家个人为中心的后援会组织的广泛存在却严重阻碍了这一目标的实现。对于自民党、无党派政治家的后援会成员来说，他们之所以加入后援会，固然受到政治家政策的影响，但更多的是出于对政治家本人的信任。特别是他们加入后援会且在日常生

---

[1] 小沢一郎『日本改造計画』、講談社、1993 年、73 頁。

活中受到政治家的关照以后，更是对政治家产生了信任。这样，即使是政治家所属的政党发生了改变，后援会的成员往往仍旧将选票投给该政治家。例如，田中真纪子 1993 年以自民党党员的身份参加了第 40 届众议院选举，以最高票在新潟县第三区当选，成为众议院议员。2003 年她脱离自民党，并在此后以无党派政治家的身份在众议院第 43 届、第 44 届选举中连续两次当选。2009 年她加入民主党，又在当年的第 45 届众议院选举中继续当选。可见，对于拥有组织发达的个人后援会的政治家来说，他们无须依靠政党的力量便能够赢得选举。

二　政治改革后政治家后援会的变化

根据上一部分对自民党、公明党、共产党、无党派政治家的后援会进行的分析，1994 年政治改革以后政治家后援会依然长期存在。尽管如此，政治改革仍旧对政治家后援会造成了一定影响，导致它在组织、运作等方面出现了一些新的变化。

（一）组织更加细化

随着选举制度由中选区制改革为小选区比例代表并立制，全国的选区由原来的 129 个中选区调整为如今的 300 个小选区、11 个比例代表选区。选区的数目增加到原来的 2 倍多，每个选举区的范围更小、候选人之间的竞争更加激烈。

为了适应新的选区划分，政治家的后援会组织重新分化组合。与此同时，一些以往以市、郡为单位的后援会组织，现在开始转向以町、村为单位。在新的选举制度下，后援会出现了组织更加细化的倾向。[1]

（二）集票功能更加凸显

1994 年颁布的《公职选举法（修正案）》，对选举活动的各个方面（包括投票场所的设置、选举活动的时间、户别访问、署名运动、人气投票、宣传活动等等）做出了更为详尽的规定。不仅涉及选举期间候选人宣传活动的方式、时间，甚至对候选人街头演说的音量都做出了严格的规定。特别需要指

---

① 　大嶽秀夫『政界再編の研究：新選挙制度による総選挙』、有斐閣、1997 年、348 頁。

出的是,《公职选举法(修正案)》的第一百二十九条规定,"各选举中的选举活动都只能在公职候选人提名之日起至相应的选举投票日前一日的期间内进行",事实上禁止了候选人在选举活动正式开始以前从事选举宣传活动。[①] 也就是说,在法律的框架下,候选人只能在短暂的选举活动期间对自己的政策主张进行宣传。这项规定,对于当选心切的候选人来说无疑是非常掣肘的。

如何在更严格的法律规定下,既不触犯法律又尽可能地扩大宣传规模、加强宣传效果呢?政治家们纷纷将目光投向了后援会的日常活动,力图通过加强选举间歇期的各项活动为自己赢得更多的选票。因此,在选举间歇期,日本共产党的政党支部增加了与其后援会共同举办的学习活动、生活咨询会的次数,自民党、无党派政治家除了通过举办运动会、恳亲会、集体旅行等活动与后援成会员加强交流,还时刻不忘对后援会成员贴心关照、尽量帮助他们解决日常生活中遇到的困难。后援会活动的点点滴滴,换来了后援会成员对政治家的感激与信赖,强化了后援会成员与政治家之间的情感关系。与此同时,后援会所组织的丰富多彩的文体娱乐活动、政治家的各种日常关照不仅对后援会成员,对普通选民也具有较强的吸引力。在选举间歇期的各种后援会活动不仅有助于政治家巩固同现有会员的关系,更有助于后援会组织的扩大,从而获得更多的选票。

通过强化后援会的日常活动,政治家扩大了自己在选民中的影响力——在确保后援会成员的选票的同时,还能够得到更多由会员动员而来的选票。在法律监管不断加强的情况下,常态化、稳定性强的后援会组织在选举间歇期对政治家的宣传作用更加重要,后援会作为政治家的集票组织的功能更加凸显出来。

(三) 与政党组织的联系更加密切

在中选区制下,每个选区一般要产生 3～5 名议员,而在小选区下每个选区的议员定额为 1 名。在这种情况下,各个政党(即使是大党)也不需要在每个选区推举 2 名或 2 名以上的候选人,只需推举 1 名候选人。因此,在选举期间,在每个选区内,政党的支部组织可以动员一切力量集中支持

---

① 自由法曹団京都支部『新・自由にできる選挙活動:選挙法の解釈と実践』、かもがわ、1998 年、25 頁。

该党的候选人。这恰恰与以政治家为中心的后援会组织的目标一致。

所以，在新选举制度下，政治家的后援会与政党支部组织展开了更密切的合作。尽管政治家后援会没有成为党组织的一部分，[①] 却在协助候选人竞选的过程中在一定程度上加强了与其政党支部组织的联系。

第三节　安倍晋三后援会研究

1994 年政治改革以后，在日本的政治家后援会中，自民党政治家的后援会仍旧最发达、最具代表性。本节以自民党政治家安倍晋三的后援会为例，分析 1994 年政治改革后日本政治家后援会的运作情况，并在此基础上探究后援会的作用与影响。

2006 年 9 月，安倍晋三当选日本自民党第 21 任总裁，成为该党迄今当选时最年轻的总裁，并于同年首次出任首相职务，成为战后日本最年轻（五十二岁零五天）的首相。2007 年 9 月安倍晋三辞去首相职务，2012 年12 月再度担任首相，成为继吉田茂之后日本战后第二位曾任首相再度任职的政治家。安倍晋三之所以获得如此显赫的政治地位，与其牢固、发达的后援会组织密不可分。

一　继承家族人脉关系与后援会组织

1954 年 9 月 21 日，安倍晋三出生于日本东京一个显赫的政治世家（如图 4 - 1 所示），户籍地为山口县大津郡油谷町（现长门市）。[②] 其祖父安倍宽历任山口县大津郡日置村（现长门市）村长、山口县议员、国会议员等职；外祖父岸信介为日本第 56 代内阁总理大臣，于 1957 年至 1960 年担任日本首相；外叔祖父佐藤荣作也曾在 1964 年至 1972 年担任日本首相；父亲安倍晋太郎曾任中曾根康弘内阁的外务大臣，并曾经担任自民党干事长。

安倍晋三在成蹊大学完成大学学业之后，经历了短暂的赴美留学生涯

---

① 大嶽秀夫『政界再編の研究：新選挙制度による総選挙』、有斐閣、1997 年、106 頁。
② 青木直人『安倍晋三が第 2 の田中角栄になる日：「米中同盟」という国難』、ベストセラーズ、2013 年、10 頁。

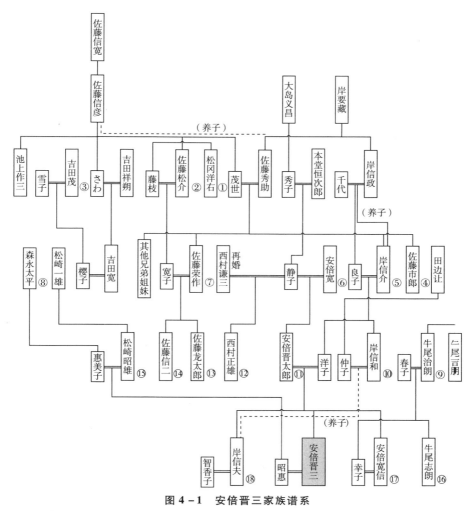

图 4-1　安倍晋三家族谱系

资料来源：塩田潮『安倍晋三の力量』、平凡社、2006 年、8 頁。笔者在原图基础上补充了部分内容。

说明：安倍晋三家族谱系中部分政界、商界、军界、知识界人士的职务：①松冈洋右：原外务大臣　②佐藤松介：原冈山医院教授　③吉田茂：原首相　④佐藤市郎：原海军中将　⑤岸信介：原首相　⑥安倍宽：原众议院议员　⑦佐藤荣作：原首相　⑧森永太平：原森永制果会长　⑨牛尾治朗：原 USHIO 电机公司会长　⑩岸信和：原西部石油会长　⑪安倍晋太郎：原外务大臣、原自民党干事长　⑫西村正雄：原日本兴业银行会长、瑞穗（Mizuho）金融集团名誉顾问　⑬佐藤龙太郎：原格兰维亚酒店大阪社长　⑭佐藤信二：原通产大臣　⑮松崎昭雄：原森永制果社长　⑯牛尾志朗：USHIO 照明公司董事会主席　⑰安倍宽信：三菱商事中国支社长　⑱岸信夫：参议院议员和在神户制钢所的工作，自 1982 年开始担任其父亲——时任外务大臣安倍晋太郎的政治秘书之职。

通过长期的努力，安倍晋三继承了家族人脉关系与后援会组织，还以此为基础竭尽全力维系和发展后援会，在安倍晋太郎去世两年后，成功步入了日本政坛。

（一）在担任父亲秘书期间继承家族人脉关系并组建个人后援会

一是安倍晋三通过为父亲处理选区事务，继承了家族人脉。1982 年 11 月至 1991 年 5 月的八年半时间里，安倍晋三一直担任父亲的秘书，并随着父亲职务的变化，先后担任了外务大臣秘书、自民党总务会长秘书、干事长秘书等要职。为了培养安倍晋三以早日继承家族的人脉关系，安倍晋太郎在秘书工作的安排上颇费心思：在资金、政策、公共关系、与选区关系等诸多事务中，选区事务由安倍晋三主要负责，资金等事务另由其他秘书处理。其目的不仅是避免安倍晋三卷入复杂的资金问题，更是希望其继承家族人脉。[①] 在处理选区事务的过程中，安倍晋三不仅代表父亲在选区中开展游说活动、走访各地，还在东京接待家乡的来访者，倾听陈情与需求，并为推动相关事业和政策对中央省厅展开工作。长期的选区活动、与选民的紧密接触为安倍晋三继承家族的人脉关系创造了条件，同时也使他积累了丰富的政治经验。通过"继承"而来的人脉关系，是安倍晋三后援会的基础。

二是安倍晋三以父亲的后援会为基础，创建了个人后援会。在担任秘书期间，安倍晋三还以父亲后援会的青年部为中心、以战后出生的约 80 名支持者为主力，于 1984 年成立了自己的后援会——"晋荣同志会"，会长由有吉酒店的店主有吉宽担任。[②] 其总部设于山口县下关市，之后不断在各地设立支部，影响大增。[③]"晋荣同志会"成为后来安倍晋三个人后援会的雏形。此后，安倍晋三将从父亲名字中继承来的"晋"字嵌入了自己的后援会名称中，在全国范围内创建了多个以"晋"字为名的后援会。[④]

---

① 塩田潮『安倍晋三の力量』、平凡社、2006 年、95 頁。
② 塩田潮『安倍晋三の力量』、平凡社、2006 年、102 頁。
③ 李大光、孙绍红、李玙璠：《一门三首相——安倍晋三家族与日本世袭政治》，台海出版社，2013，第 124 页。
④ 宝島社『安倍晋三：その人脉と金脉』、宝島社、2014 年、46 頁。

三是通过婚宴向选民披露安倍晋三的继任者身份。安倍晋三婚后，便在父亲的安排之下，携妻子昭惠回到了山口县下关市（亦即父亲安倍晋太郎的选区），与兄长宽信夫妇联合举行盛大婚宴。受到邀请的不仅包括安倍家的亲朋故友，更有政界人士、企业代表、社会名流等，前来赴宴的人数达到 5600 多人。① 盛大的婚礼不仅是为新人祝福，更是为了向山口县民众公开表明安倍晋三作为父亲政治继承者的身份，为其将来步入政坛铺设道路。

（二）在父亲去世之后继承父亲的后援力量

一是在悼念活动中，安倍晋三作为父亲继任者的身份被选区民众熟知。1991 年 5 月 15 日，安倍晋太郎去世。在葬礼仪式结束后，安倍晋三从东京回到家乡山口县，并作为家属代表出席了在山口县多个地区举行的悼念活动。由此，安倍晋三作为父亲继任者的身份随之家喻户晓。

二是安倍晋三在母亲的协助下继承父亲的后援团体。同年 7 月 8 日，安倍晋三召开记者发布会公开了"将在山口县第一区作为候选人参加下一届全国众议院选举"的消息，旋即开始了竞选筹备工作。母亲安倍洋子为了让他作为主体独立开展选举活动，选择"尽量不出面"，只在背后帮忙。尽管如此，安倍洋子还是着力巩固原安倍晋太郎后援会的分支机构——妇女部，并积极拜访晋太郎的后援会成员，请求其支持安倍晋三参选，足迹甚至到达山口县的边远地区。②

三是借助祖辈、父亲在中央的人脉关系，安倍晋三得到政界名流的支持。

除了继承父亲在地方的后援团体，得益于祖辈、父辈的人脉关系，安倍晋三还得到了在中央乃至全国具有影响力的政界名流的支持，他们对于安倍在地方选举中脱颖而出也起到了至关重要的作用：

一方面，安倍晋三受到了自民党内同派阀的政治家的支持。以原首相岸信介领导的"岸派"为前身，20 世纪 60 年代在自民党内形成了以福田赳夫为中心的"福田派"，后由安倍晋太郎继承下来、形成"安倍派"，

---

① 李大光、孙绍红、李玛璠：《一门三首相——安倍晋三家族与日本世袭政治》，台海出版社，2013，第 125 ~ 126 页。

② 野上忠興『気骨：安倍晋三のDNA』、講談社、2004 年、175 頁。

再由三冢博继承、被称为"三冢派"。在由"安倍派"衍变而来的"三冢派"中，时任邮政大臣小泉纯一郎、通产大臣森喜朗、原运输大臣石原慎太郎等人相继前往山口县，表明对安倍晋三参选的支持。安倍晋三之所以能够得到这些支持，是因为外祖父岸信介与父亲安倍晋太郎在日本政坛的长期影响力以及由此建立的人脉关系。以小泉纯一郎为例，小泉曾长期受到安倍晋太郎的提携。正是由于安倍晋太郎的推荐，小泉才能在竹下登改组内阁时成为厚生大臣，并由此在政界崭露头角。为此，他积极支持安倍晋三参选。

另一方面，得益于家族人脉关系，安倍晋三还受到自民党内其他派阀的议员的支持。尽管前首相竹下登①此前不属于"安倍派"，但出于人情与恩义的考虑，也对安倍晋三参选表示支持。尽管当时竹下登本人深陷利库路特贿赂案丑闻不便于出面，但他仍旧委托亲信小渊惠三代表自己前去支援。对此，竹下登向安倍洋子表示，"抛开派阀因素不谈，我是为了与安倍晋太郎的友情而来，为晋三提供帮助是我的责任"。② 由此可见，正是由于祖辈、父辈在政界长期积累的人脉关系，安倍晋三获得了当时自民党内众多重量级议员的支持。

通过诸多努力，安倍晋三顺利继承了家族在山口县的人脉关系和后援会组织，并且受到了自民党内重量级议员的支持，为其开启政治家生涯奠定了坚实基础。对于安倍晋三通过继承家族的人脉关系与后援会迈入政坛，其叔父西村正雄毫不讳言，他曾经指出，"晋三如今继承了父亲建立的人脉关系……由于（他）人品好，受到大家的喜爱"。③

二　日常维系与发展后援会

在父亲去世后，尽管当时并不知晓下一届众议院选举的具体时间，但为了能在未来的选举中获胜，安倍晋三积极维系后援会组织，并不断发展

---

① 竹下登，尽管因利库路特贿赂案于 1989 年 6 月辞去首相职务，但当时在日本政界仍有极高的政治影响力。
② 野上忠興『気骨：安倍晋三のDNA』、講談社、2004 年、177 頁。
③ 塩田潮『安倍晋三の力量』、平凡社、2006 年、88 - 89 頁。

新的支持力量。

　　首先，做好后援会的日常维系。为了稳定和巩固后援会组织，维系与支持者的关系，安倍晋三不但定期举行聚会、召开会议，还高度重视、积极参加后援会成员的婚丧嫁娶等仪式。例如，一旦收到后援会成员发来的讣告，即便安倍晋三工作时间紧张，也会尽一切可能参加悼念活动。对于那些能够亲自前往的地方，就尽快动身前去吊唁；即使不方便前往，也要通过打电话、发电报等方式进行慰问。基于人情与恩义的考虑，安倍晋三父亲的支持者大都继续支持安倍晋三参选。①

　　其次，努力发展新的支持力量。为了确保在即将到来的众议院选举中获胜，安倍晋三仔细研究竞选对手以往的得票数并制定对策。与此同时，他还与妻子安倍昭惠一同到其他自民党议员的传统选举地盘活动，挨家挨户宣传自己的政策主张，② 试图发展新的支持力量，拓展选举地盘。

　　当选为国会议员以后，安倍晋三的生活重心逐渐转移到了东京。尽管如此，安倍夫妇仍旧非常重视维系与选区的人脉关系、保持后援会的稳定。尽管无法每次亲自参加后援会成员家中的婚丧嫁娶仪式，但他会派代表前往，并以各种方式进行问候。与此同时，他还认真对待来自山口县选区的陈情。不仅如此，2012年，安倍昭惠还在东京都神田经营的酒宿UZU里，专门供应从安倍晋三的家乡（亦即其选区山口县）出产的食材和酒。③ 这些在山口县采购并长途运输而来的地方特产，绝不仅仅是为了塑造餐厅的特色，更有向选民表达安倍夫妇虽身处东京但始终心系家乡的意图，对于维系安倍晋三的后援会组织、密切与家乡选民的关系也起到了一定作用。

三　借助财界力量为后援会提供资金支持

　　与财界建立密切关系、筹集政治资金是政治家后援会得以维持和发展的重要保障。尽管按照《政治资金规正法》的规定，如今企业直接向政治

---

① 野上忠興『気骨：安倍晋三のDNA』、講談社、2004年、174頁。
② 野上忠興『気骨：安倍晋三のDNA』、講談社、2004年、174頁。
③ 宝島社『安倍晋三：その人脈と金脈』、宝島社、2014年、38頁。

家捐款已属违法行为，但是企业却可以依照法律规定向其支持的政治家所属的政党捐款，再由政党按照一定比例划拨给该政治家。安倍晋三以亲属关系为基础，继承了家族在财界的人脉关系，得到了财界的支持，为其后援会运作提供了有力的资金保障。

（一）在财界拥有多位亲属

如图 4 - 1 所示，通过血缘、姻亲、过继等关系，安倍晋三拥有了在日本经济界地位显赫的亲属，为其建立与财界的关系奠定了基础。

在安倍晋三的亲属中，妻子安倍昭惠是原森永制果会长森永太平的外孙女，原森永制果社长、会长松崎昭雄的长女；叔父西村正雄（安倍晋太郎的同母异父弟）曾任日本兴业银行会长、瑞穗（Mizuho）金融集团名誉顾问；兄长安倍宽信为三菱商事中国分社社长，嫂子幸子为日本著名企业USHIO 电机公司原会长牛尾治朗的长女；舅父岸信和为原西武石油会长。这些亲属关系，成为安倍在财界最稳定的支持力量。

（二）继承家族在财界的人脉关系

亲属在财界的人脉关系，帮助安倍晋三获得了更多财界人士的支持。

例如，由于兄长安倍宽信担任三菱商事中国分社长，三菱商事会长小岛顺彦也成为安倍晋三的坚定支持者。又如，原东京电力公司会长、后担任日本最大的经济团体——经济团体联合会（简称"经团联"）名誉会长的平岩外四曾经与岸信介、安倍晋太郎私交甚笃。[①] 再如，日本第三大钢铁企业神户制钢也与安倍家族关系密切。正因如此，1979 年安倍晋三从美国留学归国后，就进入神户制钢所工作，直至 1982 年 11 月才开始担任安倍晋太郎的秘书。家族间的多年交往、加上安倍晋三在神户制钢的三年工作经历，令神户制钢所社长龟高素吉成为安倍晋三首次参加众议院选举时的坚定支持力量。[②]

时至今日，安倍晋三与三菱商事、东京电力、神户制钢等大财团仍旧保持着密切的关系。

---

① 宝岛社『安倍晋三：その人脉と金脉』、宝岛社、2014 年、47 頁。
② 李大光、孙绍红、李玛璠：《一门三首相——安倍晋三家族与日本世袭政治》，台海出版社，2013，第 125～126 頁。

（三）得到财界的支持

2000 年，安倍晋三担任第二次森喜朗改组内阁的官房副长官后，以东海旅客铁道公司（简称"JR 东海"）会长葛西敬之、三菱重工会长西冈乔为核心成员，形成了安倍晋三的财界支援团体——"四季会"。顾名思义，"四季会"每年召集四次聚会，主要以宴会形式围绕安倍晋三进行畅谈。成立之初，该组织共有六名成员，除葛西敬之、西冈乔外，还包括新日本制铁株式会社社长三村明夫、东京电力公司社长胜俣恒久、丰田汽车会长张富士夫、日本航空会长新町敏行。① 随后，会员人数逐渐增加，富士胶片株式会社社长古森重隆、朝日啤酒社长福地茂雄、瑞穗实业银行董事长斋藤宏等人也成为其会员，"四季会"云集了一大批一流企业的社长及未来继承人等商界巨擘。

2007 年安倍晋三辞去首相职务后，其在财界的支持者并没有弃他而去，反而进一步组建了新的组织。在葛西敬之等人的推动下，新的安倍财界支援团体——"樱花会"成立，取代了原有的"四季会"。"樱花会"以葛西敬之、古森重隆为核心成员，囊括了原"四季会"成员，三菱东京 UFJ 银行顾问畔柳信雄、三菱商事会长小岛顺彦等人也加入其中，继续在公务与私人事务方面支持安倍晋三。2012 年 12 月，在安倍晋三再度当选自民党总裁并即将再度担任首相之际，樱花会的成员们与安倍晋三一起在银座举行了庆祝活动。②

由此可见，在财界形成了囊括铁路、制铁、电力、汽车、航空等重工业的领军人物，银行、证券、保险行业的金融大鳄，以及电机、通信、食品等行业大亨的庞大的安倍晋三支援团体，③ 这成为安倍晋三筹集后援会等所需的政治资金的重要途径，为其后援会运作提供了有力的资金支持。

安倍晋三非常重视与"樱花会"成员等财界支持者的互动。2012 年底，安倍晋三再度担任首相，尽管公务繁忙，他仍旧大幅增加了打高尔夫球的次数。最初陪同他的仅是夫人安倍昭惠与秘书官，后来财界人士逐渐加入，

---

① 水島愛一朗『安倍晋三の人脈』、グラフ社、2006 年、162 – 163 頁。
② 宝島社『安倍晋三：その人脈と金脈』、宝島社、2014 年、47 頁。
③ 水島愛一朗『安倍晋三の人脈』、グラフ社、2006 年、163 – 164 頁。

其中不仅有"樱花会"的成员，还有富士胶片的会长日枝久、三得利的会长大迫正男、JX控股顾问渡文明等人。① 通过每月1~2次的"高尔夫聚会"，安倍与财界保持了紧密的关系。

与此同时，安倍还注重发展与经济团体的关系。2014年6月，TORAY会长榊原定征出任经团联新任会长，安倍一边维系与经团联的关系，一边发展与新经济联盟、经济同友会的关系。2014年，经团联在时隔五年之后，再度呼吁加盟企业对自民党进行政治捐款。这与安倍晋三与财界建立的紧密关系密不可分。②

（四）与财界关系带来的负面影响

鉴于安倍晋三与财界的密切关系，安倍政府在经济领域的一些政策受到了民众的非议。

例如，安倍政府对中央新干线项目的免税政策和借款担保，就引起了许多质疑。2011年，日本国土交通省指定东海旅客铁道公司建设磁悬浮中央新干线项目。该项目规划路线为：品川—名古屋—大阪，预计时速可达500公里，建设费用约为9万亿日元，原定由东海旅客铁道公司自费建设。然而，安倍晋三的财界支援团体"四季会"与"樱花会"的核心人物、时任该公司会长的葛西敬之认为：中央新干线的"名古屋—大阪"段的建设，是出于提振日本经济的考虑，因此国家应当负担一部分建设费用。③ 在葛西敬之的反复呼吁之下，自民党税制调查委员会于2013年12月开始研究免除中央新干线的土地所得税、注册许可税，共计金额184亿日元。尽管东海旅客铁道公司完全有能力支付这两项税款，但在葛西敬之的反复呼吁之下，通过自民党的努力最终免除了该公司的这两项税款。不仅如此，安倍政府还以国家信用作为担保，帮助该公司从"铁道建设与运输设施保养支援机构"取得了约3万亿日元的借款。④

---

① 宝岛社『安倍晋三：その人脈と金脈』、宝岛社、2014年、49頁。
② 宝岛社『安倍晋三：その人脈と金脈』、宝岛社、2014年、49頁。
③ 宝岛社『安倍晋三：その人脈と金脈』、宝岛社、2014年、88頁。
④ 『JR東海社長、リニアの大阪延伸前倒しを正式表明』、『日本経済新聞』、2016年6月8日。『JR東海、リニア融資3兆円申請へ　財投を活用』、『日本経済新聞』、2016年11月16日。

这一系列举措，遭到了与中央新干线存在竞争关系的多家航空公司以及一些民众的非议，他们指责安倍政府对东海旅客铁道公司采取特殊化政策，认为安倍晋三是出于情义的考虑，是为了回报一直支持他的葛西敬之，才对东海旅客铁道公司实施了一系列的优惠政策。[①]

综上所述，为了筹集运作后援会所需的政治资金，安倍晋三与财界建立了密切关系，为其后援会运作提供了有力的资金保障。与此同时，为了回馈财界的支持，安倍晋三也在政策制定过程中想方设法满足其利益诉求。尽管这些回馈可能是通过合法的渠道进行的，却在一定程度上损害了国家利益。因此，这种金权政治现象的存在，对安倍晋三本人的政治声誉也造成了一定的负面影响。

四 在后援会支持下的优异选举成绩

（一）初战告捷

1993 年 7 月，日本第 40 届众议院选举拉开了帷幕，安倍晋三首次作为候选人参选。在此次选举中，山口县第一区的候选人除安倍晋三外，还有曾在上一届众议院选举中当选的自民党议员林义郎、河村建夫，新生党候选人、曾任山口县议员的古贺敬章，日本新党候选人江岛洁等七人参选。如表4－4所示，与林义郎、河村建夫、古贺敬章等主要竞争对手相比，无论是在参选经历还是在从政资历方面，安倍晋三均不占优势。

然而，依靠继承而来的家族人脉关系、依靠苦心维系与发展的后援会力量，安倍晋三在八位候选人中脱颖而出，以 97647 票当选。安倍晋三得票数位列第一，超过位居第二的自民党资深议员林义郎 3 万多票。[②] 从当时的得票情况来看，本次选举中安倍晋三的得票率为 24.2%，甚至与 1990 年安倍晋太郎在世时参加的第 39 届众议院选举中 24.8% 的得票率相当。在安倍晋三所获得的选票中，不乏对其父亲——已故安倍晋太郎——的大量同情票。通过继承、维系并发展祖辈、父辈经营的以后援会为核心的人脉关系网络，年仅 38 岁的安倍晋三初战告捷，顺利登上了国会议员的宝座。

---

① 宝島社『安倍晋三：その人脈と金脈』、宝島社、2014 年、88 頁。
② 野上忠興『気骨：安倍晋三のDNA』、講談社、2004 年、178－179 頁。

表 4－4　1993 年山口县第一区当选的四位众议院议员情况比较

	年龄	党派	当选次数	当选前履历
安倍晋三	38	自民党（三）	1	原外务大臣秘书、神户制钢员工
林义郎	66	自民党（宫）	9	大藏大臣；原自民党国际局长、厚生大臣
河村建夫	50	自民党（三）	2	自民党山口县顾问；原山口县议员
古贺敬章	40	新生党	1	儿童福祉设施理事；原山口县议员

資料来源：『衆院 129 選挙区：当選者 511 人の顔ぶれ——中国』，『朝日新闻』，1993 年 7 月 19 日（朝刊），8 頁。

说明：其中，自民党（三），表示隶属自民党三冢派；自民党（宫），表示隶属自民党宫泽派；当选次数的统计中包括了 1993 年众议院选举。

（二）持续当选

在初次当选后，后援会继续为安倍晋三的政治发展发挥了重要作用，成为他在 1994 年选举制度改革后的历次众议院选举中持续当选的有力保证。

1994 年选举制度改革导致安倍晋三的选区也随之发生了改变：由中选区制下的山口县第一区变为小选区下的山口县第四区。尽管选举制度发生了变化，但凭借继承并悉心维系、发展的后援会的力量，安倍晋三得以在选举制度改革后继续高票当选。

根据山口县选举管理委员会事务局的统计（如图 4－2 所示），在 1996 ~2017 年的八次众议院选举中，安倍晋三的得票率均大幅领先于排名第二位的人士；尽管两者得票率的差距在 2003 ~2009 年略有缩小，但在 2012 年的第 46 届选举中再度拉大，并在此后保持了相对稳定。

由此可见，以后援会为基础，安倍晋三在山口县第四区维持了稳定的"票田"，这成为安倍晋三两度登上政治生涯巅峰的重要保证。

为了实现以政党、政策为中心的选举，整治政治腐败现象，1994 年日本进行了政治改革，将原来的众议院议员中选区制改为小选区比例代表并立制，并加强了对政治资金的管理。然而，日本政治中的后援会组织却没有如制度设计者所预想的那样被削弱甚至消除，而是保持了长期的发展。公明党政治家的后援会集合了政治家个人的支持者和政党的支持者；日本共产党建立的政党后援会蓬勃发展；自民党、无党派政治家建立的以个人为中心的后援会组织持续存在。受到政治改革的影响，1994 年以后，日本

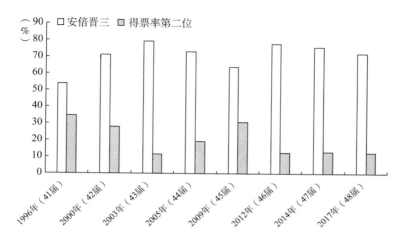

图 4 - 2 选举制度改革后众议院选举中安倍晋三的得票率统计 (1996 ~ 2017 年)

资料来源：笔者根据山口县选举管理委员会事务局网站公布的数据整理、绘制。具
体请参见：山口県選挙管理委员会事务局『各種選挙の投開票結果』，http：//www. pref. ya-
maguchi. lg. jp/gyosei/senkyo/index. htm，上网时间：2017 年 11 月 10 日。

政治家的后援会组织更加细化、集票功能更加凸显，与政党组织的联系也
更加密切。个人后援会的组织形态，在日本作为政治家的集票组织的中心
地位仍将持续下去。① 它作为联系政治家与选民的纽带，仍旧活跃在日本的
政治生活中。

---

① 大嶽秀夫『政界再編の研究：新選挙制度による総選挙』、有斐閣、1997 年、108 頁。

第五章　日本政治家后援会长期
存在的文化原因

　　前面几章分别介绍了近代、战后（1945～1994年）以及1994年政治改革以后日本政治家后援会的运作情况，探讨了政治制度变迁对后援会的影响。一百多年来，政治家的后援会长期活跃在日本政治生活中，可谓经久不衰。在日本的选举政治中，组织性强、稳定性高的政治家后援会组织为什么能够长期、大量存在呢？这一章将围绕日本政治家后援会长期存在的原因展开分析。

　　根据前面几章的分析，在日本选举政治的发展过程中，政治制度（选举制度）和经济制度（财政制度）共同催生了政治家的后援会组织。一方面，日本在大正民主后期、二战结束以后（1947～1994年）分别实行了众议院议员中选区制。在中选区制下，一个选举区内出现了同一政党的两位候选人互相竞争的状况。由于从政党处得到的选举资源难分伯仲，候选人为了在选举中脱颖而出，就开始积极组织属于自己的支援团体——个人后援会，政治家后援会组织逐渐发展起来。另一方面，在战前乃至战后日本的经济发展中，由于中央政府对地方公共团体的财政具有很大的影响力，以中央对地方的财政转移支付为媒介的陈情政治迅速发展，地方政治家纷纷投入国会议员麾下，成为其后援会骨干成员，助长了政治家后援会的发展。

　　经过1994年政治改革，众议院议员选举的中选区制被小选区比例代表并立制所取代，在每个小选区内一个政党只需推荐一名候选人即可，同一政党的两位候选人在一个选区内竞争选票的局面已经消失。在选举制度改革的同时，日本的地方自治制度改革也拉开了帷幕。为改革中央集权式的行政方式，促进地方分权的进一步发展，1995年5月，日本中央政府制定

《地方分权制度实施推进法》，规定了推进实施地方分权制度的基本思路和基本框架，指出此后日本政府 5 年内的目标是有计划地全面实施地方分权制度。① 1999 年，日本政府制定的《推进地方分权制度实施的相关法律》（简称 "地方分权综合法"）在国会获得通过。该法案一是调整了日本中央政府与地方公共团体的关系，将二者的关系从上下级、主从关系调整为对等、合作关系；二是调整中央政府与地方公共团体之间的行政分工，将中央政府的部分权限向地方公共团体移交。另外，该法案也从加强和充实地方税、地方财政收入的角度阐述了中央政府与地方公共团体之间的财政关系。此后，进一步提高地方税、完善中央政府的国库补助负担金、地方交付税成为财政制度改革的主要内容。②

经过地方分权制度的推进，地方公共团体的财政结构逐渐发生了变化。据总务省统计，2015 年度的地方交付税为 17.39 万亿日元，比 1999 年度的 20.86 万亿日元减少了 3.47 万亿日元；从表 5-1 可以看出，地方交付税在地方财政收入中所占比重为 17.1%，比 1999 年度的 20.1% 下降了 3 个百分点。③ 国库补助负担金所占的比重也由 1999 年度的 16.0% 下降到 2015 年度的 14.9%。与此同时，地方税在地方财政收入中所占比重则由 33.7% 上升到 38.4%。在地方财政收入中，尽管地方对中央的财政依赖目前尚未得到根本改变，但地方税的比重逐渐上升、地方交付税和国库补助负担金的比重逐渐下降，意味着地方公共团体对中央政府的财政依赖正在减弱。以此为背景，以中央对地方的财政拨款为媒介的陈情政治也逐渐被削弱。

尽管目前地方交付税和国库补助负担金仍是地方财政收入的重要组成部分，但其比重的相对下降在一定程度上削弱了以中央对地方的财政转移支付为媒介的陈情政治。

---

① 〔日〕石原信雄：《日本新地方财政调整制度概论》，米彦军译，尹晓亮、王美平校，社会科学文献出版社，2016，第 94 页。
② 〔日〕石原信雄：《日本新地方财政调整制度概论》，米彦军译，尹晓亮、王美平校，社会科学文献出版社，2016，第 96～97 页。
③ 总务省『平成 14 年版「地方财政の状况」の概要』，http：//www. soumu. go. jp/menu_ sei-saku/hakusyo/chihou/2001_gaiyou. html. 总务省『平成 29 年版「地方财政の状况」の概要（平成 27 年度决算）』，http：//www. soumu. go. jp/main_ content/000472873. pdf，上网时间 2017 年 8 月 1 日。

表 5 - 1　财政制度改革前后地方财政收入情况比较

	1999 年度	2015 年度	变化
地方税	33.7%	38.4%	4.7 个百分点
地方让与税	0.6%	2.6%	2 个百分点
地方特例交付金	0.6%	0.1%	- 0.5 个百分点
地方交付税	20.1%	17.1%	- 3 个百分点
国库补助负担金	16.0%	14.9%	- 1.1 个百分点
地方债	12.6%	10.5%	- 2.1 个百分点
其他	16.5%	16.4%	- 0.1 个百分点
合计	100%	100%	0

资料来源：笔者绘制。具体数据参见総務省『平成 14 年版「地方財政の状況」の概要』ht-tp：∥www. soumu. go. jp/menu_ seisaku/hakusyo/chihou/2001_ gaiyou. html. 総務省『平成 29 年版「地方財政の状況」の概要（平成 27 年度決算）』http：∥www. soumu. go. jp/main_ content/000472873. pdf。上网时间：2017 年 8 月 1 日。

随着政治改革和财政制度改革的推进，日本政治家后援会产生的两个主要制度性因素（选举制度、财政制度）均已发生改变。然而，各个政党的政治家后援会组织却依然大量存在。

由此可见，制度性因素虽然催生了政治家后援会，却无法充分解释这一现象长期存在的原因。任何政治生态的形成，都具有深厚的社会基础、历史基础和文化基础。要理解日本独具特色的政治家后援会现象，仅从政治、经济的制度层面考虑尚不充分，我们还需要从当地的文化传统中去寻找答案。

第一节　日本传统的集团主义文化

作为政治团体，政治家后援会既是候选人的竞选组织，也是部分选民的集合体，是一种集团组织。在日本的传统文化中，集团主义与武士道精神、耻感文化、娇宠文化一样，具有悠久的历史。政治家后援会这种现代选举政治中的集团组织，与日本传统的集团主义文化有怎样的关联呢？在这里，我们有必要首先对集团主义文化进行基本的梳理。

一　集团主义文化的产生

日本的集团主义文化起源于海岛农耕社会的村落，具有浓厚的乡土观念和岛国意识。[①] 从生产和生活的传统来看，日本属于农耕文化圈。其水稻栽培是以"在耕地共有和为保全耕地而需集体协作完成灌溉土木工程的基础上形成的农业共同体的集团生活"为前提的，[②] 在灌溉、插秧、收割、脱粒等方面都需要共同作业。在以家庭为单位进行协作的村落的共同生活中，协作、团结与和睦精神受到推崇。就这样，以家族和家族之间的协调合作为纽带，稳固的地域社会逐渐形成。在同一片水域，村落居民的命运被紧密地联系在一起，生死与共。[③]

在漫长的历史发展中，日本的传统村落形成了家族主义、集团主义等基本文化特质。

首先，村落社会具有鲜明的家族主义特征。"家"是日本村落构成的要素。日本的家庭采用长子继承制，长子娶亲后与父母及祖父母共同生活。家庭的中轴是亲子关系，村落社会的构成单位就是家长制统治下的直系家族。除血缘关系外，非血缘的干亲子关系也是家族的重要组成部分。日本人有认干亲的习惯：干亲是干子社会生活的后盾，从经济等各方面对干子给予支持和照顾；干子对干亲要尽为人子的一切社会义务。干亲子关系是亲子、主从关系的扩大和补充，是日本家族的一个特色。[④]

其次，以家族为基础，村落社会又形成了鲜明的集团主义特征。在村落社会中，集团组织多种多样。大大小小的同族团（家族中由主干与分枝相互认同的总本家—分家—孙分家组成的同族团体）和各种组织的存在，使村落居民在一生的各个阶段都必然属于一个或数个小集团。作为个体，一个人的孕育、出生、成长、死亡的整个过程，始终被置于集团的规范之中。女性怀孕 5 个月时要煮红小豆饭招待近邻；孩子出生时"整个村落的

---

① 汤重南等：《日本文化与现代化》，辽海出版社，1999，第 298 页。
② 青山道夫等『講座家族 1（家族の歴史）』、弘文堂、1973 年、410 頁。
③ 韩立红：《日本文化概论》，南开大学出版社，2008，第 30 页。
④ 王秀文：《传统与现代：日本社会文化研究》，世界知识出版社，2002，第 57～58 页。

人都要待在家里不到野外劳动"，① 以示禁忌；出生 7 日后举行授名礼，邀请邻里参加；产期满后要参拜神社，意为氏子入宗；在 3 岁、5 岁、7 岁时，要祈祷氏神保护，设酒宴，接受集团的祝福。从 7 岁加入"少年组"开始，个人的所有活动均被纳入集团的统一约束下②……多种多样的集团活动不断强化着人们的集团意识。

海岛农耕社会的村落生活，培养了日本人的协作精神，日本人显著地具有一种集体性和集体行动的倾向。对此，著名的日本问题专家埃德温·赖肖尔指出："许多世纪以来，日本人一直生活在比西方人口更为密集的环境中。这种环境可能有助于日本人发展他们那种集体行动的倾向和组织才能。"③

二　集团主义文化的特点

在日本传统的集团主义文化中，集团按照"纵向"关系发展，形成了强烈的等级秩序。

（一）传统集团的结构特点

首先，日本社会所形成的集团是一种"纵向集团"。根据日本著名人类学家中根千枝的描述：如图 5 - 1 所示，当 h 希望加入纵向集团时，假定其与成员中的任何一人（例如 b）有密切关系，通过 b 向其他成员提出请求，就可加入。在加入过程中，其他成员即使对 h 完全不了解，由于 b 提出的希望，h 加入集团便会得到承认。这与其说是 h 本身的问题，不如说是作为 b 的问题来处理的。这时，在这个集团中，对于公开具有成员权的 b 提出的希望，除了极个别的例外，其他的正式成员一般是不会反对的。但在图表 5 - 2 所示的"横向集团"中，h 的加入就必须得到全部成员的承认。在这样的集团里，各个成员的关系不是忠诚于与其直接联系的个人，而是通过忠诚于集团的规则本身而形成集团结构的基础。④

---

① 荒木博之『日本人の行動様式：他律と集団の論理』、講談社、1975 年、32 頁。
② 王秀文：《传统与现代：日本社会文化研究》，世界知识出版社，2002，第 58 页。
③ 〔美〕埃德温·赖肖尔（E. O. Reischauer）：《日本人》，孟胜德、刘文涛译，上海译文出版社，1980，第 17 ~ 18 页。
④ 〔日〕中根千枝：《纵向社会的人际关系》，陈成译，东尔校，商务印书馆，1994，第 60 ~ 62 页。

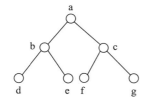

图 5 - 1　"纵向集团"的人际关系

资料来源：中根千枝：《纵向社会的人际关系》，陈成译，东尔校，商务印书馆，1994，第 61 页。

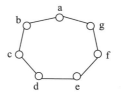

图 5 - 2　"横向集团"的人际关系

资料来源：中根千枝：《纵向社会的人际关系》，陈成译，东尔校，商务印书馆，1994，第 61 页。

相比于横向集团，纵向集团的发展速度更快。加入纵向集团不需要得到全体成员的一致同意，而仅需要通过某一成员的介绍，其他成员基于对这一成员的信任一般不会表示反对。纵向集团的开放性结构，决定了它能够快速吸纳新成员从而迅速实现整个组织的拓展。

其次，在集团主义社会里产生了强烈的等级秩序。地位的高低、资历的深浅都是形成等级序列的依据。个人的地位往往是由门第的高低决定的，本家比分家地位高，血缘分家比非血缘分家高，门第高和地位高的人在社会活动中享有较为特殊的权利和待遇。此外，入村、入组的早晚也是等级序列的重要依据，资历浅者必须无条件地服从资历深者。[①]"依资历而建立的等级地位一经确定……将在很大程度上支配社会生活和个人活动……纵式等级制是控制日本社会关系的最主要因素。社会生活的各个领域都渗透着社会地位的基本准则，它决不只限于正式集团。实际上，正是这种等级顺序，制约着日本人的生活。"[②]

（二）传统集团的行动特点

日本集团主义的中心思想是"忠义"（来源于武士道）与"和为贵"（来源于儒家思想）。[③]

首先，集团内部以"忠孝恭顺"为宗旨，强调集团成员对所属集团、集团领袖的高度的忠诚。一方面，这种忠诚具有一定的封闭性与排他性。

[①]　王秀文：《传统与现代：日本社会文化研究》，世界知识出版社，2002，第 59 页。

[②]　〔日〕中根千枝：《日本社会》，许真、宋峻岭译，天津人民出版社，1982，第 29 页。

[③]　汤重南等：《日本文化与现代化》，辽海出版社，1999，第 299 页。

在村落社会中形成的集团主义带有强烈的封闭性，以村境为界限的地区封闭环境及由此产生的村境观念，决定了对外来人强烈的拒绝，对集团内部的破坏者不留情面的驱逐。另一方面，这种忠诚又表现为对所属集团的一种特殊感情，即归属意识和依赖感。由于地理环境的影响，在日本的传统社会中，农耕需要集体通力合作，且村落之间多被山川阻隔，往来不便，各聚居的村落内部之间很容易抱成一团，又因为是相对单一的民族，所以对外面未知或知之不多的世界持有一定的警惕性和恐惧感，对内也严加防范以避免出现有损于集团利益的异端。在本集团内部，人们在共同劳动生产中建立的感情受到珍惜，形成日本人特有的浓厚的乡土观念和平等意识，他们热爱故土，重视地缘关系较之重视血缘关系有过之而无不及。① 近代以前日本曾经分成称之为"藩"的诸多诸侯国，导致日本人称自己的故里为"国"的习惯延续至今。

其次，强调集团行动的一致性。要求成员个人服从集团所决定的"一致意见"，服从上级。集团主义强调个体对集团的强烈的忠诚心，与集团有连带责任感。在集团内部，每个个体都被期望能够全身心地投入到集团的事务中去，不希望存在少数不同意见。于是，集团往往采取"划一主义"的原则，很少采用"多数表决"制度。② 但由于前述集团主义自然形成的各种原因，所以在集团内部存在某种"平等"、"民主"的意识，一般情况下遇事先进行"私下协议"，以求得"全体一致"。一旦形成决议，集团的全体成员必须无条件服从，责任亦由集团承担。

再次，在集体利益与个人利益的关系上，集团主义强调集体利益优先于个人利益。对此，日本学者川岛武宜这样指出："所有人都不可采取个人行动，意识不到自己是独立个体"的日本人，总是顺从集体的意向，为集体利益牺牲个人。"所有人常被共同体秩序的氛围所包围，每个人都意识到自己是那种占支配地位的氛围的必然客体。违反这种氛围与之相对抗的意识和行动，都意味着要破坏这种牧歌式的和平。那是被严格禁止的大忌，

---

① 汤重南等：《日本文化与现代化》，辽海出版社，1999，第298页。
② 汤重南等：《日本文化与现代化》，辽海出版社，1999，第299页。

实际上也没有任何人持有那样的想法。"① 埃德温·赖肖尔在谈到日本的集团主义社会时，也曾经指出："日本人同美国人或一般西方人之间的最大差别，莫过于日本人那种非常强调集体、难免要使个人受到一些牺牲的倾向了。日本人可能比西方人更倾向于集体行动，至少是把自己看成是以集体行事的。大多数日本人甘愿在穿着、举止、生活方式甚至思想上都符合集体的准则，而西方人在这些方面至少可以先试一下独立和个性。"②

三　维系集团的主要方式

维系一个集团，除最初需要一种坚强持久的组合以外，还须使这种组合进一步加强，以使集团因素十分牢固。中根千枝认为，从理论上讲，强化集团关系有两种做法：一是引导组合中的成员，使他们都有一个一体化的感觉；另一个是建立一种内部组织，把集团里的各个人互相联系起来，以达到巩固这个集团的目的。而实际情况是，这两个方法同时并用，互为补充，互相促进，成为一套行动规则。对于不同类属的人，可以用强调集团意识的方法，如针对"他们"而强调"我们"，分清"外人"和"自己人"，以及同其他同类集团互相竞争的做法等等……在内部就会形成一种感情上的纽带——"同一条战壕的伙伴"……类属的差异本来是个天经地义的事，情谊的方式是用来补救它的。情谊方式是在经常的私人交往中逐步培养起来的。③

对于传统的日本集团来说，维系人与人之间关系最重要也是最常用的方式，就是保持经常的感情联络。根据中根千枝的研究，历史上"地方狭隘性既然在外部隔绝了人的联系性，于是，它便在内部产生了人伦关系讲求实在性的明显特点……各个集团的组成成分变动不定，其克服办法便是提高其成员的集团意识；具体做法就是保持经常的感情联络，这便要仰赖人与人之间的实实在在的联系。而这种联系当然需要经常

---

① 川岛武宜『日本社会の家族的構成』、日本評論社、1950 年、15 頁。引自韩立红《日本文化概论》，南开大学出版社，2008，第 31 页。

② 〔美〕埃德温·赖肖尔：《日本人》，孟胜德、刘文涛译，上海译文出版社，1980，第 134 页。

③ 〔日〕中根千枝：《日本社会》，许真、宋峻岭译，天津人民出版社，1982，第 9~10 页。

的、密切的交往活动来维持，使这火焰永继不灭"。"亲戚、朋友以及集团联系的纽带，都会因人的离别而变得松懈。甚至往来的频繁程度稍有减少，也会使你在集团里的权利和地位相应减弱。"在日本社会，一个集团组织既然不能以血亲因素作为它的有效许可证，其基础便只好是地区、人和人之间的经常的密切的关系往来。① 然而值得注意的是，维系传统集团关系的并非只有"感情"因素，"利益"也是其必不可少的纽带。集团中的个体之所以高度依赖于集团，很重要的原因是"个人的任何问题都能在这个组合之内得到解决"。② 因此，对于每个成员来说，集团也是每个个体成员利益的保障。

四 集团主义在现代社会的映射

日本传统社会中，在农村形成了以户而不是以个人为基础组织起来的村落团体，这种团体在战后仍然是强大的，"虽然总的来说，在社会上的重要性比过去小多了。"战后，在日本农村，"出现了更大的团体，如为了提高效率，把一些自然村组合在一起的、强大的农协组合，或政治上的行政村社"。在城市，对于绝大多数城市居民来说……人们工作所在的公司可能是最重要的。在日本，一个工作职位不仅仅意味着根据合同可以获得工资，更重要的是它可以表明某人属于某一组织的身份——换句话说，使人有一种作为某种重大事业组成部分的满足感。③ 战后长期以来，在日本企业中实行的终身雇佣制、年功序列制，不仅使职工感到工作有保障，而且能使他们忠于职守，并以能为本公司工作而感到自豪。

在赖肖尔的著作《日本人》中，作者用一个比喻生动地描绘了战后日本社会中强烈的集团主义倾向："一位刻薄的评论家把日本人比做一群小鱼，秩序井然地朝着一个方向游动，直到一块石子投入水中，打乱了这个队列，它们就转变方向朝相反的方向游去，但仍然队列整齐，成群游

---

① 〔日〕中根千枝：《日本社会》，许真、宋峻岭译，天津人民出版社，1982，第125、127、136页。
② 〔日〕中根千枝：《日本社会》，许真、宋峻岭译，天津人民出版社，1982，第11页。
③ 〔美〕埃德温·赖肖尔：《日本人》，孟胜德、刘文涛译，译文出版社，1980，第138页。

动。"① 日本人最珍视的是和谐一致，他们试图通过一种微妙的几乎是直觉的相互理解过程来取得这种和谐，而不是通过深刻分析对立的观点或作出明确的决定达成一致，不管这种决定是由一个人独断的或是由多数通过的。他们觉得，决定不应由任何个人作出，而应该通过协商由集体共同作出。②

　　传统文化对近代以来日本政治、经济的发展产生了深刻的影响。受到集团主义文化的影响，日本式的"民主"首先是一种由集团内部高度的凝聚力和协调一致所构成的共同的思想感情。③ "接受变革不加抗拒，甚至欢迎变革、赞赏变革，这正是日本人的天性。不过，观点的变化，毕竟绵薄如纸，固如顽石的人与人之间的关系、组织的机制作用的核心部分及其根本性质，是不会因此而发生丝毫改变的。"④ 时至今日，传统的集团主义文化仍旧是孕育日本政治文明、经济繁荣的土壤，映射在日本人社会生活的各个方面。

第二节　植根于集团主义文化的政治家后援会

　　长期稳定、组织性强的政治家后援会是日本选举政治独有的现象。作为一种社会组织形态，其形成与发展深受日本传统的集团主义文化的影响。

　　受到地理、历史因素的影响，日本社会形成了以群体为本的传统观念，始终存在着集团意识。与同属亚洲的东亚其他国家民众的观念相比，日本人更加强调的是集团的重要性。在这种潜意识的影响下，日本人擅长同身边的人组成关系群体。对此，中根千枝曾经谈道：不具有相同性质的人按场所组成集团时，其最初形态不过是简单的群集，是一伙

---

① 〔美〕埃德温·赖肖尔：《日本人》，孟胜德、刘文涛译，译文出版社，1980，第142～143页。
② 〔美〕埃德温·赖肖尔：《日本人》，孟胜德、刘文涛译，译文出版社，1980，第143页。
③ 〔日〕中根千枝：《日本社会》，许真、宋峻岭译，天津人民出版社，1982，第136页。
④ 〔日〕中根千枝：《日本社会》，许真、宋峻岭译，天津人民出版社，1982，第136～138页。

乌合之众，其自身不具有构成社会集团的条件。它要成为社会集团，必须具有强有力的、持久的圈子（例如按居住或按经济因素结成的"家"或"村落"、企业组织、官僚组织这种外部条件）。正如前文所述，中根千枝指出：为了进一步强化这个圈子，使其作为集团的作用更强，不论在理论上、经验上都有两种做法：一是推动这个圈子里的成员使其具有整体感；另一个是建立一个内部组织，把集团内的各个人联系起来，巩固这个集团。从经验上看，这二者是并行的，相辅相成的；实际上成为共同的行为法则。[①]

随着经济的发展、社会流动性的增强，以场所为单位组成集团的模式逐渐得到拓展。只要有共同的体验，日本人就可以成立组织并成为其中的一员。战后日本选举政治的发展，一方面使得支持同一候选人的选民能够有机会组成新的政治群体；另一方面，政治家本人也在激烈的竞选过程中认识到了组建自己的选举集团的重要性与迫切性，并积极发展后援会组织。正是在这样的背景下，政治家后援会作为一种新的"集团"得以产生并不断发展。

在这里，我们将政治家后援会的组织关系发展模式作图（如图5-3所示），与中根千枝教授对日本社会的纵向集团的分析作图（如图5-4所示）进行比较。如图5-3所示，政治家后援会是以政治家个人为中心建立的，政治家在后援会的组织与管理方面依赖后援会会长，由后援会会长组织骨干成员，再由骨干成员发动一般会员。在后援会的组织发展中，往往是由后援会成员单独发展新成员：只要某人愿意在选举中支持该政治家并有意加入支援团体，那么，经过后援会成员的介绍，完成基本信息（包括姓名、住址、电话、生日、性别、职业等）注册，便可加入该政治家的后援会。换言之，政治家后援会的人际关系，是以日本社会典型的纵向集团模式为基础的。这种纵向集团模式的组织结构，加速了政治家后援会的发展壮大。

---

① 〔日〕中根千枝：《纵向社会的人际关系》，陈成译，东尔校，商务印书馆，1994，第18页，括号中的内容为笔者根据原著上下文内容所加。

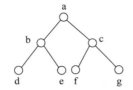

图 5 - 3　日本社会的纵向关系

资料来源：中根千枝：《纵向社会的人际关系》，陈成译，东尔校，商务印书馆，1994，第 61 页。

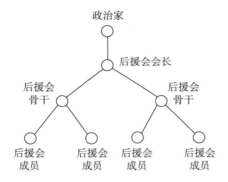

图 5 - 4　政治家后援会的纵向关系

资料来源：笔者绘制。

一　政治家后援会对传统集团主义文化的吸收

政治家后援会不仅沿袭了日本传统的"纵向"集团的结构特点，还充分体现出了集团主义的相互协作、高度忠诚等特征。

（一）相互协作

一般来说，集团协作主要体现在团队之中每个个体的相互配合上。在政治家个人后援会的具体运作中，成员之间的相互协作表现得非常显著。

相互协作在个人后援会中，不仅体现在政治家与后援会成员之间的关系上，还体现在后援会各层组织的关系上。首先，在政治家与后援会成员之间形成了和谐的协作关系。一方面，政治家为后援会成员提供了各种照顾和贴心的服务；另一方面，后援会成员也建立了对政治家的高度信任，在选举中将选票投给该政治家——通过各司其职，政治家获得了稳定的票源，后援会成员找到了下情上传的窗口、利益表达的代言人。其次，在后援会的各层组织之间，也建立了完善的协作机制。

以前首相福田赳夫后援会为例，其总部设在东京虎门，在福田的选区群马县广泛地建有支部，而且在大阪、名古屋、京都等地的 400 多家企业中设有分支机构，可谓机构众多。①平日里，后援会各层组织在总部的统筹安排下有条不紊地开展各种活动，为加强后援会的力量积极运作；大选前夕，各层组织更能够通过密切配合，协调福田在全国各地的助选活动，令其达到最佳效果。可以说，在福田当选自民党总裁乃至首相的过程中，其个人后援会立下了汗马功劳。

在政治家后援会的运作过程中，政治家和后援会成员之间、后援会各层组织之间都表现出了强烈的集团协作理念和精神，为政治家在选举中成功当选奠定了基础。

（二）高度忠诚

在政治家后援会组织中，集团主义文化还体现在后援会成员对政治家的高度忠诚上。

1. 忠于政治家本人

通过候选人的后援会组织，选民从候选人那里获得了关照，久而久之便产生了在选举中支持该候选人的强烈义务感，建立了对他的高度忠诚。

1983 年田中角荣因"洛克希德案"被判有罪，1985 年又因罹患脑梗死无法继续参加国会活动。然而，这些情况并没有影响后援会对田中的支持。直到 1990 年他正式辞去国会议员职务为止，田中角荣仍旧连续在选区以最高票数当选为国会议员。在田中当选的背后，其后援会"越山会"发挥了至关重要的作用。

从文化传统来看，后援会成员对于政治家的情感类似于封建时代武士对"主君"的忠诚，不是用贿赂就可以轻易买到的。以这种高度忠诚为基础，尽管个人后援会不是正式的助选机构，但它以"情感"与"利益"为纽带所结成的组织架构却异常牢固。即使候选人在政治上遭受了巨大的打

---

① 鲁义：《日本政治家的后援会及其特点》，《现代日本经济》1987 年第 2 期。

击、甚至犯了致命的错误，很多后援会成员仍然会义无反顾地支持他们的候选人。田中角荣的例子就有力地证明了这一点。

2. 支持"二世议员"、"三世议员"

后援会成员的高度忠诚，不仅表现为对政治家本人的无条件支持，还表现在对其继承人——"二世议员"甚至"三世议员"的支持和忠诚。

后援会成员对政治家的高度忠诚，令后援会成为一种可被继承的"政治财产"。在组织后援会的政治家退出政界或去世以后，如果其亲属、亲信有意继续参加选举，后援会成员的首要选择往往不是转投其他政治家的支援团体，而是继续推举、支持原政治家的继任者，并且对继任者继续保持忠诚。一般来说，只要政治家的继任者能够继续同后援会保持密切的联系，就会同他们的祖辈、父辈或前辈一样，得到后援会成员的信赖和忠诚，并且持续获得他们的支持。久而久之，以"后援会"为核心的政治家个人的人脉关系网络，俗称"地盘"（ジバン），就与政治家的家族声望——"看板"（カンバン）、政治资金——"钱包"（カバン）一起，成为现代日本政治家当选的三大要素。① 正因如此，政治家的亲属或亲信往往会"继承"其后援会等"政治遗产"，并以此为基础展开政治活动，从而导致了"二世议员"甚至"三世议员"现象在日本政界的大量出现。在当代日本政坛，桥本龙太郎、小泽一郎、河野洋平、羽田孜、小泉纯一郎、田中真纪子、麻生太郎、安倍晋三、福田康夫、鸠山由纪夫、小渊优子等人都是在继承亲人选举地盘等政治资源的基础上相继登上日本政治舞台的。

下面，以小渊优子的后援会为例进行具体分析。小渊优子的祖父为原众议院议员小渊光平，小渊优子父亲小渊惠三为日本第 84 任首相。2000年，小渊惠三去世后，小渊优子得到了父亲后援会组织的支持参加当年举行的第 42 届众议院选举，在群马县第五区成功当选。

从后援会组织来看，小渊优子的后援会在群马县设有两个事务所，即

---

① Ronald J. Hrebenar, "Political Party Proliferation: The New Liberal Club and the Mini-Parties," And "The Money Base of Japanese Politics," In *The Japanese Party System: From One-Party Rule to Coalition Government*, ed., Ronald J. Hrebenar, London: Westview Press, 1986, pp. 55 – 33, 209 – 234。

中之条后援会事务所（位于群马县吾妻郡中之条町）和高崎后援会事务所（位于群马县高崎市），① 作为后援会的办公场所；小渊优子的后援会有 60 余个后援会支部。②

平日里，后援会定期举行各种活动。例如，2005～2012 年间，"小渊优子后援会"、"群马县故乡振兴支部"等后援会组织就曾安排小渊优子的支持者赴东京观看演出，③ 以此加强后援会成员的联系，稳定后援会组织。对此，小渊优子曾在记者会上公开披露，每年参加该项活动的后援会成员多达 2000 余人。④

2014 年 10 月，"小渊优子后援会"、"群马县故乡振兴支部"在提交给政府的《政治资金收支报告书》中，关于后援会成员观看演出这项活动的收支情况不仅对 2012 年的收支额没有记录，而且已记录的 2005～2011 年的支出额远远高于收入额，差额达到 5300 多万日元。⑤ 因政治资金流向不明，被怀疑由后援会负担了部分活动费用，涉嫌违反《政治资金规正法》。为此，不仅小渊优子的后援会事务所、前任秘书的住宅受到了东京地方检察厅特别搜查部的调查，小渊优子本人也被迫辞去了经济产业大臣的职务。

在接受调查期间，尽管后援会的政治资金问题尚未彻底解决，小渊优子还是在 2014 年 12 月参加了第 47 届众议院选举。选举活动开始之前，小渊优子在后援会干部会议上含泪道歉，表示此次选举将"从头开始"。绝大部分后援会成员都选择相信小渊优子无罪，并继续支持她。一位 85 岁高龄、自小渊优子的祖父时代起就支持小渊家的支持者坦言："如果利益相关者被

---

① 衆議院議員小渕優子 Obuchi Yuko Official Site，http：∥www.obuchiyuko.com／，上网时间：2017 年 10 月 6 日。

② 『揺れた「小渕王国」、後援会奮闘 5 区で得票 7 割の圧勝』、『朝日新聞』（朝刊）、2014 年 12 月 16 日、29 頁。

③ 『群馬・中之条町長室など捜索　小渕氏資金問題で東京地検』、『朝日新聞』（夕刊）、2014 年 10 月 31 日、13 頁。

④ 『小渕氏政治資金、2013 年も収支に差　観劇会、支出 790 万円上回る』、『朝日新聞』（夕刊）、2014 年 11 月 26 日、1 頁。

⑤ 『群馬・中之条町長室など捜索　小渕氏資金問題で東京地検』、『朝日新聞』（夕刊）、2014 年 10 月 31 日、13 頁。

追究刑事责任，将对优子产生负面影响。这很令人担忧。" 为了帮助小渊优子当选，后援会的各个支部积极开展助选活动，发放宣传单并动员选民投票；女性部的成员更是手持话筒，在街头呼吁选民支持小渊优子。① 经过后援会成员的一系列努力，小渊优子在此次选举中的得票率达到71%，尽管略低于她在第46届众议院选举中77%的得票率，② 但仍大幅超过其他两位候选人（如图5-5所示），以压倒性优势顺利当选。

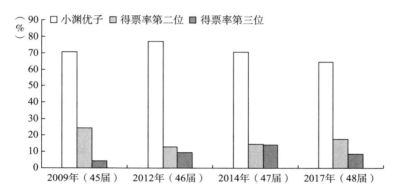

图5-5　小渊优子在众议院选举中的得票率统计（2009～2017年）

资料来源：笔者绘制，具体数据请参见：『選挙の記録』、群馬県 http://www. pref. gunma. jp/cate_ list/ct00000736. html，上网时间：2017年10月28日。

依靠忠诚的后援会组织，小渊优子稳定了选举地盘。2017年8月，她再次出任自民党要职——组织运动总部代理部长，③ 并于当年10月举行的第48届众议院选举中再度顺利当选。

通过以上分析可以看出，战后日本选举政治中大量出现的后援会组织，作为一种独具特色的政治"集团"，不仅内部成员之间相互协作、密切配合，还对政治家本人及继承者等怀有高度的忠诚，充分体现了"集团主义"这一传统文化特质。

---

① 『揺れた「小渕王国」、後援会奮闘　5区で得票7割の圧勝』、『朝日新聞』（朝刊）、2014年12月16日、29頁。

② 『選挙の記録』、群馬県、http://www. pref. gunma. jp/cate_ list/ct00000736. html，上网时间：2017年10月28日。

③ 『小渕氏、3年ぶり要職　組織運動本部長代理に』、『毎日新聞』（2017年8月8日）、https://mainichi. jp/articles/20170809/k00/0m/010/113000c，上网时间：2017年10月30日。

二 政治家后援会对传统集团主义文化的改造

战后日本政治家后援会是以日本经济发展、政治制度变迁以及中央对地方的财政"控制"为契机再生的，适应了现代选举政治的需要。与战前政治家后援会组织相比，战后日本选举政治中的后援会组织更具有资产阶级"议会民主"的色彩。甚至有日本学者认为，"自民党中典型的后援会是日本型'现代'政党组织。它是随着选举权扩大、地方实力者名望下降才开始出现的战后组织，并代替了党的正式组织。它绝不是封建性组织，而是在封建性组织崩溃过程中产生的一种必然结果"。① 这种评价虽然未免有些过高，但从政治家努力直接获得选民支持的角度看，后援会确实是战后日本政党政治发展的产物。

政治家后援会作为战后日本选举政治中出现的一种团体，是在传统文化与现代政治制度相互冲击与碰撞的过程中产生的，它既体现出了相互协作、高度忠诚等集团主义文化的特征，也不可避免地受到选举制度改革等战后日本政治发展的影响。为适应现代选举政治的需要，作为政治"集团"的政治家后援会组织也逐渐展现出了一些新的时代特色。

（一）纵向关系发生微妙变化

正如日本学者中根千枝所言，"日本民族习惯用纵式分类的而不是横式分类的方式作为自己的组织结构"，② 因此，"纵式结构"也成为传统的日式集团的特点之一。然而，在政治家后援会的逐步发展中，原有的集团主义的纵向关系特征，逐渐发生了微妙的变化。在传统的纵向关系中，集团的成员要对集团领袖高度忠诚，并对集团的"一致决定"高度服从。在现代社会，尽管政治家后援会的组织结构仍在按照传统纵向关系的模式发展，但旧有"集团"所强调的个人对集团的绝对"服从"在逐渐减弱，转而开始强调政治家与其支持者之间的平等关系。这一点，在公明党政治家的后援会中体现得尤为显著。

---

① 松下圭一『戦後民主主義の展望』、日本評論社、1965 年、231 頁。
② 〔日〕中根千枝：《日本社会》，许真、宋峻岭译，天津人民出版社，1982，第 7 页。

（二）不再为集团牺牲个人利益

在日本社会传统的群体关系中，由于个人是依附于集团而存在的，因此为了集团的利益个人常常要做出牺牲。在政治家后援会中，这种状况发生了转变。后援会作为联系政治家与支持者的渠道，体现了双向互动的利益关系。换言之，在后援会组织中政治家与支持者必须各尽其职：政治家要尽其所能为后援会成员谋求利益，后援会成员也要坚定地将自己的选票投给该政治家，千方百计帮助其当选。从某种程度上来看，这种利益交换关系是对等的，后援会成员没有必要像在传统的社会群体中一样，为集团而牺牲自己个人的利益了。

综上所述，在传统文化与现代政治制度的碰撞中，政治家后援会在体现集团主义文化的相互协作、高度忠诚等特质的同时，也在一定程度上对集团主义文化进行了改造，不再强调集团中的"高度服从"，也不再一味为集团牺牲个人利益。政治家后援会是传统文化与现代政治制度相结合的产物，也是当代日本政治发展的一个缩影。

三　日本政治家后援会作为集团组织的结构特点

政治家后援会，一方面作为候选人的竞选组织而存在，另一方面是部分选民的集合体。作为长期活跃在日本政治生活中的集团组织，政治家后援会具有放射性、双向性、个人导向性等特点，也正是这些特点决定了政治家后援会能够在日本的选举政治中长盛不衰。

（一）放射性

从组织结构和动员机制来看，日本政治家后援会组织往往具有明显的放射性特征。这有助于后援会组织经受住各种政治风波的洗礼，在岁月的变迁中始终具有较强的动员能力。

一般来说，政治家后援会的形成要经历四个阶段。第一阶段，议员候选人与自己的亲朋好友建立固定的联系，把有血缘、地缘、职业和同学关系的人串联的一起。[①] 这些人是政治家后援会的骨干，是政治家最忠诚、

[①] 王振锁：《自民党的兴衰——日本"金权政治"研究》，天津人民出版社，1996，第38页。

最值得信赖的支持者。第二阶段是寻求地方上有力的支持者，如地方公共团体的首长、能够对选举活动产生影响的地方名仕。这些成员构成了政治家后援会的第二梯队，在大选中对政治家的胜败有着决定性的影响力，也是进一步发展地方后援会成员、壮大后援会组织的主要力量。第三阶段，政治家在上述基础上组成多个后援会支部。第四阶段，在成立支部的基础上建立后援会总部，[①] 负责规划在更广阔的范围内组织和发展后援会的相关事宜。这样，以政治家个人为核心，从亲属、朋友到地方支持者，再到全国范围内的支持者，政治家借助后援会组织成功地构筑了一个不断发散、不断放射的金字塔形结构，形成了一个协助政治家竞选的牢固的支持者集团。

以后援会放射性的组织结构为基础，后援会的动员机制也具有放射性特点。首先，无论是以亲属、朋友为代表的后援会骨干成员，还是地方后援会成员，他们都是选举中政治家的主要票源；其次，后援会成员不仅自身投票率极高，而且也具有动员投票（即劝说其他选民投票支持特定候选人）的能力。这样，支持政治家当选的力量就以后援会成员为核心，影响力不断向外扩散。根据"透明选举推进协议会"的调查，大选前被后援会成员劝说进行针对性投票的选民曾一度高达38.6%。[②] 后援会动员能力之强由此可见一斑。

政治家后援会的组织结构具有的放射性特点奠定了后援会组织结构的稳定性，保证了候选人的票源，同时也赋予了后援会强大的动员能力和顽强的生命力。

（二）双向性

从利益交换角度来看，后援会还具有双向性的特点。这一特点决定了它无论对政治家还是对后援会成员，都具有持久的吸引力。

客观来看，在政治家与后援会成员之间，确实存在着一种利益交换关系。一方面，政治家离不开后援会。对政治家来说，后援会是动员选票的有效组织——选举时后援会成员将选票投给政治家，协助其在国会议员或

---

① 王振锁：《战后日本政党政治》，人民出版社，2004，第310页。
② 阿部齐『日本の政治』、放送大学教育振興会、1986年、156頁。

地方议员、地方行政长官选举中当选。凡是有后援会作后盾的政治家，对选举时的得票率往往都有较为准确的掌握。

另一方面，后援会成员也离不开政治家的关照。首先，政治家要尽量满足后援会成员个人的日常要求。从子女升学、求职问题到邻里纠纷、婚丧嫁娶，甚至交通事故等问题的处理，政治家都要给予照顾。① 为了加强感情交流，培养团体精神，有时政治家甚至不惜自掏腰包为后援会成员组织观光旅游、体育比赛或其他集体活动。其次，政治家还要充分利用各种关系和个人影响，对有关部门施加压力，为自己的选区争取更多的政府补助金和公共事业建设项目，改善当地选民的生活。如前所述，田中角荣在担任国务大臣甚至首相期间，每年都要派人到选区详细了解市长、町长、村长和选民的要求，然后由其后援会组织"越山会"进行归纳和审定，再通过田中角荣的影响力将这些诉求体现到下一年度的国家财政预算中，并得以实施。正因如此，原本地理位置偏僻、自然条件不济的新潟县第三区逐渐变得交通便利、社会福利设施齐全，居民生活环境得到了很大的改善。又如，竹下登担任首相期间，其故乡岛根县的人均公共投资额居全国首位，达到全国平均水平的两倍以上。② 通过为后援会成员个人和选区争得利益等方式，政治家的后援会组织不但成为选民下情上传的窗口，更是其解决生活难题、提高生活质量的重要依靠。

通过后援会组织，政治家和选民之间形成了一种双向的、稳定的利益交换关系，这种结构特点是政治家后援会在战后日本政治中长盛不衰的重要原因。

（三）个人导向性

除上述特点以外，在支持的对象上，自民党、无党派政治家的后援会组织还具有极强的个人导向性。

首先，后援会成员对政治家个人的支持与其所属的政党无关。尽管后援会成员积极支持某一候选人参加国会议员、地方议员或地方行政长官选举，但并不意味着他们对该候选人所属的党派也持支持态度。后援会只是

① 王新生：《现代日本政治》，经济日报出版社，1997，第43页。
② 西尾嘉門『データで検証する日本政治の危機』、東京新聞出版局、1994年、29頁。

政治家个人的服务站，与其所属的党派没有必然的关系。

一方面，后援会成员可能不会因为对某一政治家的支持而加入其所属政党。《朝日新闻》曾经报道的一则新闻鲜明地体现了这一点，"当劝说支持某位保守派候选人的选民入党时，他会回答说：'我只支持甲先生，我没有任何入党的欲望'。"[1] 正因如此，自民党组织委员会将后援会成员大规模地介绍入党、转变为本党党员的目标始终未能实现。[2]

另一方面，后援会对政治家的支持一般不会因政治家所属政党的变化而改变。这一点在著名政治家小泽一郎身上体现得比较明显。如表 5-2 所示，20 世纪 60 年代末，小泽一郎初入政界时为自民党党员，此后作为自民党议员长期活跃于日本政坛。1993 年 6 月，他脱离自民党，与羽田孜共同创建新生党，并担任代表干事。此后，小泽一郎又先后担任了新进党干事长、党首，自由党党首，民主党代理代表、副代表、代表、干事长，国民生活第一党代表，生活党代表，自由党代表等职。从政以来，尽管小泽一郎所属的政党发生了多次变化，但其后援会组织对他的支持却没有大的改变。正是得益于后援会成员对小泽一郎始终如一的支持，才令他在 1969 年以来的 17 次众议院选举中始终立于不败之地。

表 5-2　小泽一郎所属政党变化情况统计
(20 世纪 60 年代末至 2017 年 11 月)

时间	所属政党
20 世纪 60 年代末至 1993 年 6 月	自民党
1993 年 6 月至 1994 年 11 月	新生党
1994 年 12 月至 1997 年 12 月	新进党
1998 年 1 月至 2003 年 9 月	自由党
2003 年 9 月至 2012 年 7 月	民主党
2012 年 7 月至 2012 年 11 月	国民生活第一党

① 〔新加坡〕李炯才：《日本：神话与现实》，张卫、傅光明译，海南出版社，1999，第 246 页。
② 在本书第三章第二节第三点"战后不同政党政治家的后援会"中已有论述，此处不再赘述。

续表

时间	所属政党
2012 年 11 月至 2012 年 12 月	未来党
2013 年 1 月至 2016 年 10 月	生活党（未来党更名）
2016 年 10 月至	自由党

资料来源：笔者根据小泽一郎《简历》绘制，具体请参见：『略歴』、『公式サイト：小沢一郎』http：∥www. ozawa – ichiro. jp∕? d = profile&a = history，上网时间：2017 年 11 月 1 日。笔者对部分内容做了补充。

其次，后援会成员对政治家个人的支持有时甚至与该政治家所持的政治见解没有直接关系。利益交换关系的长期存在、不断增进的私人感情使得后援会成员对政治家建立了一种牢固的信任和忠诚。在新一轮选举中，后援会成员最关注的往往不是政治家的政治见解，而是该候选人在过去以及将来为自己谋得的实际利益。因此，对于后援会成员来说，政治家的个人品质与能力是关键因素，而其当时所持的政策主张却不那么重要了。

可见，除公明党政治家后援会、日本共产党政治家后援会情况较为特殊外，自民党、无党派政治家的后援会成员对政治家的支持与政治家所属的党派无关，甚至也与其政见无关，使得这些政治家的后援会组织具有极强的个人导向性。后援会成员所关注的只是候选人个人是否能够当选，其他因素对他们的影响微乎其微。这样，政治家的后援会组织就非常牢固，其成员始终坚定地支持他们的候选人，"不会由于东京发生什么问题或政治危机而变化"。① 候选人也因此更加注重加强后援会的力量，使其在选举中发挥更大作用。这种"正反馈效应"使政治家后援会在实践中不断发展，进而导致了日本选举政治中，选民不以政党或政策为主要考量，而以候选人为主要决定因素的投票行动长期、大量存在。

由以上分析可以看出，日本政治家后援会具有放射性、双向性、个人导向性等特点，看似结构松散实则非常牢固。正因如此，政治家的后援会经受住了经济发展和政治变革的洗礼，在如今日本的政治生活中依然焕发着蓬勃的生机。

---

① 〔美〕埃德温·赖肖尔：《日本人》，孟胜德、刘文涛译，上海译文出版社，1980，第343页。

　　本章分析了日本选举政治中政治家后援会长期存在的原因。随着众议院议员中选区制被小选区比例代表并立制取代和地方财政的逐渐健全，战后日本政治家后援会再生的制度性因素发生了改变，而各个政党的政治家后援会组织仍旧活跃在日本的政治舞台上，其根本原因在于日本传统的集团主义文化。在传统社会，保持经常的感情联络、依靠集团保障成员的利益是维系集团的重要方式。进入现代社会，日本确立了选举制度，尽管政党、政策等因素也会对选民的投票造成影响，但以个人情感关系与利益交换关系为基础的政治家后援会成为维系政治家与选民之间关系的重要纽带，强化了日本选举政治中选民投票行动中的候选人取向。传统的集团主义是政治家后援会在现代日本政治生活中长期存在的文化根源。

第六章　对日本政治家后援会的评价

在前面几章中，我们分析了日本政治家后援会的发展历程，并探讨了其形成的原因。那么，对于日本政治发展来说，长期存在的后援会组织带来了哪些利好因素，又存在着怎样的弊端呢？本章将主要从政党发展、国家政治发展两个维度，探讨后援会的"利"与"弊"。

第一节　从政党发展维度看政治家后援会

从政党发展的维度来看，一方面，政治家后援会在组织、动员民众参与投票方面弥补了政党基层组织薄弱造成的不足；另一方面，政治家后援会的存在也是造成近年来日本政党分化重组频繁的重要原因之一。

一　弥补政党基层组织的不足

日本著名政治家、前首相竹下登①曾经指出："选举即组织，组织即选举。"② 他犀利地指出了动员选民对政治家竞选获胜的重要性。然而，一些主要政党的基层组织薄弱，是近代日本选举政治确立以来一直存在的问题，制约了其在选举中对选民的政治动员能力。

近代以来，日本在建立以天皇为中心的君主立宪政体以后，通过修改选举法逐渐扩大了选民的规模。然而，相对于日益扩大的有选举权群体来说，政党基层组织的发展是极为缓慢的。以 1925 年颁布的《普通选举

---

① 竹下登于 1987~1989 年担任自民党总裁，为第 74 届日本首相（内阁总理大臣）。
② 『選挙しつつ組織し、組織しつつ選挙する』。参见〔日〕斉藤淳『自民党長期政権の政治経済学：利益誘導政治の自己矛盾』、勁草書房、2010 年、21 頁。

法》为例，在该法律颁布后，有选举权的人数增加到原来的四倍，但各个政党几乎都没有调整支部的组织和加强支部的活动。有的政党即使在这方面有所计划，也没有取得成果。① 为了赢得选举，候选人需要得到几倍于原来数目的选票，而政党却无力从党内划拨更多的人力帮助候选人开展助选活动。如何克服政党基层组织薄弱的困难，在选举活动中尽可能多地争取到选票呢？除了临时雇佣掮客以外，候选人纷纷建立起了属于自己个人的、较为稳定的后援会组织，通过经营自己的选举地盘来确保稳定的票田。

战后选举制度被重新确立以后，政党地方组织薄弱的问题依旧长期存在。1945～1955年，各个政党分化改组频繁，政党的基层组织建设未能受到足够重视，而工业化、都市化的快速发展又加剧了传统社会关系的动摇，为了稳固自己的票田，政治家们又重新建立起后援会组织。

当时，不论是自民党还是社会党，虽然一直都在疾呼加强地方政党组织，但终未成功。尽管自民党曾经试图将政治家的个人后援会组织吸纳到政党的地方组织中，② 也曾采取一系列措施来加强党的组织建设，但都遭到失败。1977年，自民党导入了一般党员可以参加的总裁预备选举制度，使自民党党员人数突破了340万大关，但由于此后总裁预备选举制度被修改、逐渐变得面目全非，并且很多规章在实践中也没有被严格地执行。因此，自民党党员人数急剧减少。到1983年，自民党的登记党员人数仅有106万，缴纳党费的党员数不足1/3，还存在很多虚报党员数量的情况。自民党党员人数的严重缩水进一步加剧了党的基层组织的薄弱性。对此，一些学者犀利地指出：从全国范围来看，如果说在都道府县自民党的实际地方组织是以议员为中心组成的后援会的话，也并非言过其实。③ 社会党的党组织则更加薄弱，根据日本著名政治学者三宅一郎的研究，即使将合作党员包括在内，1985年社会党党员人数也只有12.5万人。地方议会的议员是社会党的

---

① 〔日〕升味准之辅：《日本政治史（第三册）——政党的凋落、总力战体制》，董果良、郭洪茂译，商务印书馆，1997，第627～628页。
② 升味準之輔『現代政治——一九五五年以後』（下）、東京大学出版会、1985年、386頁。
③ 北西允、山田浩『現代日本の政治』、法律文化社、1983年、168－169頁。

核心，基层组织极其薄弱的社会党不过是个"干部政党"。①

面对基层组织薄弱的情况，自民党政治家纷纷组建自己的后援会，通过建立与选民之间的个人关系来稳固自己的票源，确保了自民党长期在日本政坛上占据举足轻重的地位。根据公明选举联盟总选举调查会的统计，1967 年投票给自民党的选民中，后援会成员占 8%，1969 年占 12%，1972年占 13%，1976 年增加到 20%。② 如果将那些受到后援会成员的动员而对政治家进行投票的选民计算在内，这一比例会更高。自民党政治家的后援会在实际上弥补了党的基层组织的不足，成为自民党政治家增强集票能力、强化选举地盘的有力保障。可以说，政治家后援会组织的广泛存在，为自民党长期执政奠定了坚实的基础。

与自民党政治家不同，社会党政治家由于有工会组织的稳定支持而忽视了对集票组织的建设。然而，随着日本经济的高速发展、社会意识形态的逐渐淡化，社会党由于失去了工会组织的支持而逐渐走向衰落。

1994 年政治改革以后，日本各个政党分化重组频繁。自民党的基层组织仍旧没有出现繁荣发展的局面。不但自民党政治家依旧通过组建个人后援会来弥补政党基层组织的不足，甚至连基层组织相对较为发达的日本共产党、公明党，也一直在发展后援会组织。有所不同的是，日本共产党建立了以政党为中心的后援会，公明党政治家建立起了由政党的支持者与政治家个人的支持者共同组成的"双重后援会"，自民党、无党派政治家建立了以政治家个人为中心的后援会。通过建立支持者的网络，政治家们将众多有选举权的民众组织起来。后援会组织更广泛地动员了民众参与政治，成为政治家们集票（动员选票）甚至监票（监控和预测自己的得票数）的工具。

在选举间歇期，政治家通过与后援会成员的直接接触，深入了解民众的诉求并直接反映在自己的政策主张中。在大选期间，政治家的后援会成员不仅积极地参与投票，还会动员其亲朋好友将选票投给自己所支持的政

① 参见松下圭一『戦後民主主義の展望』、日本評論社、1965 年；升味準之輔『現代政治——一九五五年以後』（下）、東京大学出版会、1985 年。
② 升味準之輔『現代政治——一九五五年以後』（下）、東京大学出版会、1985 年、387 頁。

治家。在笔者对政治家后援会活动进行实地调查时，曾经连续多年担任后援会会长的 N 先生指出，"日本的国民没有生活在政治的概念中，仅仅依靠政党和政策不能完全将每个个人团结起来。"① 在大部分政党的基层组织薄弱的情况下，后援会在实际上弥补了政党基层组织的不足，成为政治家增强集票能力、巩固选举地盘的有力保障。

二 加剧部分政党频繁分化重组

政治家个人后援会的大量存在，是导致日本部分政党分化重组频繁的深层次原因之一。在本部分，我们将政治家的后援会分为四类进行分析：①自民党政治家的后援会；②公明党政治家后援会；③日本共产党后援会；④无党派政治家后援会。

首先看自民党政治家的后援会。如图 6-1 所示，在选举中，每位自民党政治家既能够获得来自所属政党的基层组织的支持，也有自己的后援会组织作为坚强后盾。1994 年政治改革以后，尽管中选区制被小选区比例代表并立制所代替，各个政党在每个小选区内集中支持一位本党候选人即可，但是，自民党的基层组织仍旧长期处于薄弱状态。

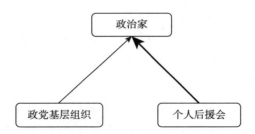

图 6-1 自民党政党组织与政治家后援会的关系示意

资料来源：笔者绘制。

在政党的基层组织比较薄弱的情况下，自民党政治家主要依靠个人后援会的力量来动员选民、争得选票。如果政治家脱离所属政党，尽管他将在选举中失去政党的支持，但由于政党的基层组织在各个选区内原本就非

---

① 2010 年 8 月，在日本长野县 S 市市长 Y 先生的事务所，Y 先生在 U 地区的后援会长 N 先生接受笔者采访时的谈话。

常薄弱，因而对政治家的得票数影响有限。由于后援会成员与政治家个人结成集团，形成了对政治家个人的人品、能力的信赖，绝大多数后援会成员不会因为政治家所属政党的改变而动摇对他的支持。因此，只要能获得后援会组织坚定不移的支持，政治家就能够保证自己继续在选区获得足够的选票。在政治家拥有强大的后援会组织的情况下，政党的支持已经不是其竞选成功的必要条件。一旦政见出现巨大分歧，政治家完全可以脱离原来所属政党，转而加入其他政党或作为无党派政治家参加下一届大选。

与自民党政治家的后援会不同，日本公明党政治家在选举中得到的支援更加多元。尽管日本推行"政教分离"政策，但不可否认的是，目前创价学会的会员仍旧是公明党的重要支援力量，是公明党后援会的重要组成部分。根据笔者的实地调查，如图 6 - 2 所示，公明党政治家在选举中的支援力量主要来自公明党后援会、公明党基层组织和政治家个人后援会组织三个方面。需要指出的是，参选的公明党政治家一般都是在受到公明党的推荐并且正式参加选举以后，才在公明党后援会、公明党基层组织的支持下建立其个人后援会组织的。尽管在公明党政治家的后援会中也存在着出于对政治家本人的信赖而入会的成员，但其最主要的支持力量却是来自其政党基层组织及政党的后援会。公明党政治家一旦失去了政党的支持，就失去了选区内最主要的动员力量，无法保证竞选成功。因此，从组织、动员选民的角度来看，公明党政治家后援会的特点有利于公明党的长期稳定。

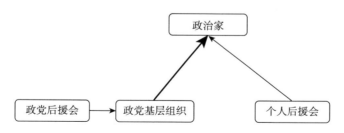

图 6 - 2 公明党与公明党政治家后援会的关系示意

资料来源：笔者绘制。

与前面的所有情况不同，日本共产党拥有"日本共产党后援会"，其所属的政治家则没有自己的个人后援会组织。正如图6-3所示，日本共产党政治家在选区内主要依靠政党的基层组织、政党的后援会对选民进行宣传、开展动员。在选举中，日本共产党政治家一旦失去了政党的支持，则会失去其所有的动员力量。以整个政党为单位建立统一的后援会组织，一方面有助于后援会与共产党基层组织进行密切合作，另一方面增强了日本共产党组织的整体稳定性。

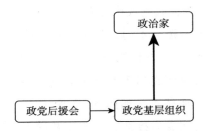

图6-3　日本共产党与日本共产党后援会的关系示意

资料来源：笔者绘制。

对于无党派政治家来说，后援会组织是其选举动员的唯一依靠。如图6-4所示，作为无党派政治家，一般在选举动员中没有来自政党的帮助。以无党派政治家为中心的"金字塔形"的后援会组织是政治家唯一可以依赖的力量。后援会组织的动员能力对无党派政治家显得尤为重要，后援会的发达与否直接决定了无党派政治家能否当选。现实中，正是由于后援会组织的广泛存在，在如今的日本政坛上仍旧有许多无党派政治家活跃的身影。

以上我们对自民党政治家的后援会、公明党政治家的后援会、日本共产党后援会、无党派政治家的后援会分别进行了分析。

公明党政治家的后援会组织很大程度上依靠公明党的力量而生成，日本共产党则以政党为中心建立其后援会组织。从选举动员的角度来看，公明党、日本共产党后援会的这些特点加强了政党的稳定性。

与此相对，自民党、无党派政治家因为拥有属于个人的后援会组织，甚至不需要过多地借助政党的力量就能够在选区内对选民开展有效的政治动员、获得稳定的选票。这是近年来自民党频繁分化重组的一大重要原因。

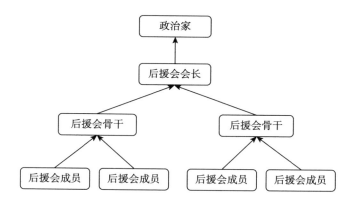

图 6 - 4　无党派政治家与后援会的关系示意

资料来源：笔者绘制。

第二节　从国家政治发展维度看政治家后援会

从国家政治发展维度看，政治家后援会在中央政府与选民之间建立起了上通下达的渠道，有助于民众的意愿得到更充分的表达。但与此同时，政治家后援会的存在也导致部分国会议员将地方利益凌驾于国家利益之上，助长了金权政治、派阀政治、世袭政治等现象。

一　政治家后援会带来的"利好"

无论是长期服务于地方事务的地方议员，还是已经当选为国会议员的政治家，要确保在下一届的选举中继续连任，就必须始终同自己选区内的民众保持紧密联系，时刻了解他们的需求。发达的后援会组织，建立起了政治家与选民之间稳定有效的沟通渠道。

借助于后援会组织，民众的诉求可以通过地方议员、国会议员反映到地方议会或国会，有利于民众政治意愿得到更充分的表达；相应地，借助于后援会组织，地方议员、国会议员也能够使选区的民众更好地了解自己的政策主张。后援会组织在政府与普通选民之间发挥了上下通达的桥梁作用。

二 政治家后援会造成的弊端

在有效建立起政府与普通民众之间上下通达渠道的同时，后援会的存在也导致部分国会议员将地方利益凌驾于国家利益之上，同时也助长了金权政治、派阀政治、世袭政治等现象。

（一）地方利益高于国家利益

长期受到后援会成员支持的政治家们，一旦成功当选，就会考虑如何对他们做出回报。这种回报，不仅表现在对后援会成员日常生活的种种关照上，还表现在对地方建设的积极关注等方面。特别是对于国会议员来说，为自己的地方选区争取到更多的公共建设事业的补助金，不但能改善当地民众的生活，而且能给当地带来更多的就业机会。因此，国会议员们在中央政策中积极为自己的选区争取利益也就不足为奇了。

以田中角荣为例，正如前文所提到的，田中角荣为了报答新潟县第三区的选民对自己的支持，大力在中央为自己的选区争取公共投资。除了正常的公共设施建设以外，还不断地将新潟县的县级道路、所属町、村的道路提升到很高的规格。作为国会议员，为了确保"票田"的稳定，将地方利益置于国家利益之上优先考虑这种做法对整个国家的政治经济发展来说无疑是不利的。

（二）金权政治

政治家的后援会组织助长了金权政治的发展，滋生了严重的政治腐败。为了维持后援会的正常运营，政治家们必须想方设法筹集资金。后援会组织越发达、所需要的运营费用越高，政治家所需要的政治资金也就越多。

如图6-5所示，战后政治家们纷纷建立起了自己的后援会组织，并通过情义、利益双重纽带维持与加强同后援会成员之间的关系。在日常生活中，政治家对后援会成员给予各种关照，会员们对政治家更加信任。同时，政治家通过自己的政策主张表达后援会成员的利益诉求，后援会成员就在选举中将选票投给该政治家。情义与利益双重纽带的存在令后援会组织高度稳定，甚至不断壮大。

然而，维持后援会长期运营的资金需求也与日俱增。为了筹集后援会

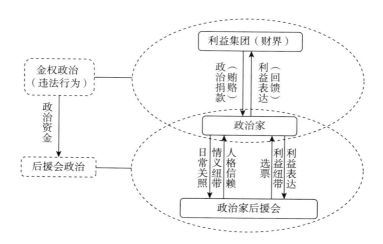

图 6 - 5　战后政治家后援会与金权政治的关系

资料来源：笔者绘制。

运营所需的资金，政治家们不得不依靠财界的支持；政治家当选后，作为对财界的回馈，同时也为了继续从财界得到更多的政治资金，就会不断地制定有助于财界利益的政策，金权政治由此产生。后援会组织越发达，所需要的运营费用越高，政治家所需要的政治资金也就越多，政治家对财界的依赖会越强。因此，后援会助长了日本金权政治的发展，导致了大量的政治腐败现象滋生。

为了促使政党政治和民主政治健康发展、消除政治腐败现象，日本颁布了《政治资金规正法（修正案）》，加强了对企业或其他团体向政治家个人提供政治资金的约束，并规定 2000 年以后企业或其他团体不能再向政治家个人提供政治资金，而只能向政党提供政治资金，试图在法律层面上切断政治家与企业之间的权钱关系；该法同时也对企业或其他团体向政党提供政治资金做出了更严格的规定。国会在通过上述法案的同时，也通过了《政党助成法》，其宗旨就是通过国家向政党提供政治资金的方式，促进政党政治的健康发展。

图 6 - 6 简要概括了政治改革后日本政治家后援会的运作模式。从政党层面来看，其活动资金主要来自政府与财界两方面。尽管《政党助成法》规定了政府每年提供给各个政党的政治资金，但并没有阻断财界对政党的

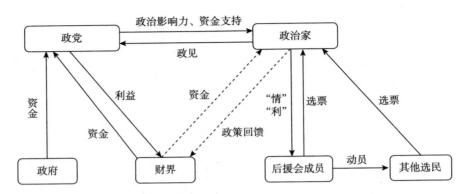

图 6－6　政治改革后日本政治家后援会的运作模式

资料来源：笔者绘制。

政治捐款。财界仍旧是目前政党政治资金的重要来源。2000 年以后，对于政治家来说，除政治家的个人资金、受到法律约束可接受的有限的个人捐款之外，由所属政党提供的资金成为来自外界的唯一合法资金来源。特别需要指出的是，尽管法律规定 2000 年后企业或其他团体不能再向政治家个人提供政治资金，但为了确保选举获胜、为了维持后援会的运行，政治家们通过隐秘的方式违法收受政治捐款的现象仍旧屡禁不止，日本政坛的政治资金丑闻依然层出不穷。菅直人内阁时期的外务大臣前原诚司、著名政治家小泽一郎等均被卷入了政治资金丑闻。

（三）派阀政治

战后日本曾长期实行中选区制，自民党为了稳定政权，必须在同一选区推举 2 名或 2 名以上候选人。为了同本党候选人进行竞争，自民党政治家们组建并不断扩大自己的后援会组织。为了维持后援会的正常运营，自民党政治家除了自己四处争取赞助外，还要寄身于党内某个派阀，从派阀领袖那里领取活动经费，其代价是支持派阀领袖执掌政权。这成为自民党内派阀林立的一个重要原因。

1993 年，自民党长期一党执政的“五五体制”解体，此后日本政党出现了大规模的分化重组。然而，时至今日，不仅在自民党内，甚至在其他政党中，派阀政治现象仍旧广泛存在。

从纵向角度看，公务繁忙的国会议员为了避免由于不能长期在选区活动而与后援会成员疏远，需要取得自己选区内的地方议员的支持，并借助地方议员们在当地的社会关系和活动能力来巩固和发展自己的后援会组织。与此同时，由于补助金制度的长期存在，使得许多地方议员为了通过国会议员为地方争取到更多的中央拨款，纷纷主动依附到由当地选出的国会议员的麾下；从横向角度看，对于国会议员来说，为了给自己的老家争取补助金和各种权益，他们也积极横向寻求政党内有影响力的政治家的支持，助长了派阀政治现象。

（四）世袭政治

政治家后援会助推了日本的世袭政治现象。"地盘"（ジバン）、"看板"（カンバン）、"钱包"（カバン）作为现代日本议员当选的三大要素。"地盘"，指的是候选人在选区的人脉关系或选举区内支持者的组织，如后援会或候选人自身担任要职的地方团体等；"看板"，指候选人的家族声望，如今除了政治世家外已不复存在；"钱包"指的是候选人的政治资金。① 在选举中，候选人要竞选成功，"地盘"、"看板"、"钱包"缺一不可。

世袭政治家由于从祖辈或父辈那里继承了后援会组织，比一般候选人更容易赢得选举。如表 6-1 所示，我们将一般候选人与世袭政治家的竞选条件逐一进行比较。

表 6-1 世袭政治家的竞选优势

选举获胜必要条件		一般候选人	世袭政治家
	钱包	?	√
	地盘	×	√
	看板	×	√

资料来源：笔者绘制。

首先，世袭政治家一旦决定参加选举，就会立即召集以前祖辈或父辈

① 议员当选必须具备的"みつバン"（Three Bans），引自 Ronald J. Hrebenar, "Political Party Proliferation: The New Liberal Club and the Mini-Parties," And "The Money Base of Japanese Politics," In *The Japanese Party System: From One-Party Rule to Coalition Government*, ed., Ronald J. Hrebenar, London: Westview Press, 1986, pp. 55-83, 209-234。

的后援会成员，请求他们在选举中支持自己，甚至在自己的后援会中担任主要职务。对于这些后援会成员来说，由于以往长期受到该候选人的祖辈或父辈的关照，与其家族结下了深厚的"情义"，大多会接受这些二世或者三世政治家的请求，加入世袭政治家的后援会。这样，世袭政治家很容易就能够在选区中壮大自己的后援会，形成自己的选举"地盘"。相比之下，一般候选人必须白手起家建立并发展自己的支援团体——后援会组织，这对于一些没有任何从政经历的候选人来说无疑是十分困难的。

其次，出身政治世家的候选人，借助其祖辈或父辈以往的政治影响力，在参政之初即具备了一定的家族声望，自然而然拥有了自己的"看板"。这一点，令草根阶层出身的候选人望尘莫及。

最后，在资金方面，世袭政治家或是继承上一代留下的不菲家资，或是借助其父辈或者祖父辈的声望人脉，在筹措政治资金方面相对便利。相对于世袭政治家，一般候选人或许也可以通过自己的努力筹得政治资金，但很难做到与世袭政治家旗鼓相当。

可以说，后援会作为"政治遗产"，被政治家的子女或亲属所"继承"，很大程度上导致了"世袭议员"在日本政界的大量出现。近些年，在日本政坛叱咤风云的小泉纯一郎、田中真纪子、小泽一郎、安倍晋三、福田康夫、麻生太郎、鸠山由纪夫、小渊优子等政治家，均是在继承亲人的选举地盘等政治资源之后登上日本政治舞台的。

尽管这些世袭政治家借助祖辈或父辈的后援会力量登上了地方议员或国会议员的宝座，他们的执政能力却往往让人不敢恭维。目前，在日本自民党的上层干部中，存在着大量的世袭政治家，他们之中有些人甚至是迫于家业继承的无奈而参选的。尽管他们在家族、后援会的支持下，相对于其他毫无背景的政治家更易于当选为议员，但是他们没有经过摸爬滚打和风雨坎坷的考验磨炼。与那些没有家族背景、依靠个人奋斗在政界开创一片天地的政治家相比，世袭政治家往往对基层百姓所想所求了解不多。他们往往既缺乏坚强的个人意志，也缺乏强硬的政治手腕。在充满挑战的政治世界中，稍遇挫折，这些世袭政治家往往就会退缩放弃。这是近年来日本内阁更迭频繁、政坛不稳的重要原因之一。

　　本章从政党发展、国家政治发展两个维度分析了政治家后援会带来的"利好"与造成的"弊端"。从政党发展的维度来看，政治家后援会的广泛存在，一方面在组织、动员民众参与投票方面弥补了政党基层组织薄弱造成的不足；另一方面，也加剧了部分政党的频繁分化重组，造成了日本政坛的动荡。从国家政治发展维度看，政治家后援会在政府与选民之间建立起了上通下达的渠道，有助于民众的意愿得到更充分的表达，推动了民主政治的发展。但与此同时，政治家后援会也导致部分国会议员将地方利益凌驾于国家利益之上，而且助长了金权政治、派阀政治、世袭政治等现象。

结　语

常态化、稳定性强的政治家后援会的大量存在，是日本选举政治的一个重要特征。阐释以政治家个人为中心的后援会在日本长期存在并深刻影响选民投票倾向的原因是本书的基本题旨。同样是实施选举制度，西方国家大多形成的是以政党、政策为取向的选举，而在日本却出现了基于对政治家个人人品、能力的信任而形成的候选人取向的选举，候选人取向甚至一度成为决定选民投票行动的最重要因素。① 对这一具有鲜明特色的政治现象的分析，不仅有助于拓展对选举政治中选民投票动机的研究，还对探索作为东方国度的日本对西方政治制度的吸收和本土化具有积极意义。

为了全面把握日本的政治家后援会现象，探讨其长期存在的原因，本书较为系统地考察了近代以来日本选举政治中政治家后援会的发展轨迹，包括战前政治家后援会的起源、战后政治家后援会的再生与发展（1945～1994年）以及1994年政治改革以后政治家后援会的运作情况。与此同时，结合笔者实地调查取得的第一手资料，本书通过比较不同政党政治家后援会的运作情况，探讨了后援会对日本政党政治的影响。在从政治、经济角度探讨政治家后援会形成原因的基础上，本书重点对政治家后援会这一政治现象背后的文化因素进行了探讨。同时，本书从政党发展、国家政治发展两个维度对政治家后援会的影响进行了评价。

明治维新到二战结束，日本并没有建立起真正意义上的民主选举体制。在"天皇权力高于一切"的君主立宪政体下，三权严重失衡。尽管民众的选举权在各种社会力量的推动下得以不断扩大，但议会政治、民选众议院始终被置于天皇的绝对权力之下。由于"天皇绝对权力"与"国民自由选

---

① 王新生：《现代日本政治》，经济日报出版社，1997，第41页。

举权"之间存在着根本性的矛盾，选举法的修改只是权力主体释放国内群众民主诉求和社会压力的阀门，无法真正实现政治民主化。在国民选举权不断扩大的过程中，众议院议员中选区制、中央对地方的财政控制等因素共同催生了以候选人为中心的后援会组织。在这一时期，后援会在某种程度上成为候选人的拉票组织，严重助长了近代日本政治中的腐败现象。

战后日本经历了"民主化"与"非军事化"改革，确立了资产阶级议会民主制。在战后经济高速增长、政治制度变迁、地方财政高度依赖中央政府的情况下，政治家为了确保竞选成功，纷纷组建后援会。后援会通过利益、情感双重纽带，将政治家与其支持者牢固地联系起来，为政治家提供了稳定的票源。但是，在促进选民意愿表达的同时，后援会也造成了地方利益优先于国家利益的弊端，助长了金权政治、派阀政治、世袭政治等现象。

为了整治政治腐败现象，实现以政党、政策为中心的选举，日本于1994年进行了政治改革，将原来的众议院议员中选区制改为小选区比例代表并立制，并加强了对政治资金的管理。受到政治改革的影响，1994年以后日本政治家的后援会组织更加细化，集票功能更加凸显，政治家后援会与政党组织的联系也日益密切。不同政党的政治家后援会组织各具特色：公明党政治家的后援会主要依靠政党的支持而建立，集合了政治家个人的支持者和政党的支持者；日本共产党建立的以政党为中心的后援会组织蓬勃发展，并与党的基层组织保持了紧密的联系；自民党、无党派政治家建立的以个人为中心的后援会组织依旧活跃。

基于对政治家后援会发展历程的分析，本书进一步探究了日本选举政治中后援会长期存在的原因。随着众议院议员中选区制被小选区比例代表并立制取代、地方财政的逐渐健全，战后日本政治家后援会再生的制度性因素发生了改变，而各个政党的政治家后援会组织却仍旧活跃在日本的政治舞台上，其根本原因在于日本传统的集团主义文化。在传统的集团主义文化影响下，保持经常的感情联络是维系传统集团的重要方式。进入现代社会，日本确立了选举制度，尽管政党、政策等因素也会对选民的投票造成影响，但个人情感关系仍是维系政治家与选民之间关系的重要纽带。传统的集团主义是日本政治家后援会长期存在的文化根源。尽管 1994 年以后，日本政治家后援会产生的政治因素（选举制度）、经济因素（财政制度）先后发生了改变，但由于受到根深蒂固的集团主义文化的影响，政治家后援会作为一种政治集团，仍然活跃在日本的政治生活中。

作为日本传统文化与西方政治制度相结合的产物，政治家后援会对日本政治的发展产生了深远的影响。从政党发展的维度来看，政治家后援会的广泛存在，一方面在组织、动员民众参与投票方面弥补了政党基层组织薄弱造成的不足，另一方面也加剧了日本部分政党的频繁分化重组。从国家政治发展的维度看，政治家后援会在政府与选民之间建立起了上通下达的渠道，有助于民众的意愿得到更充分的表达。但与此同时，政治家后援会也导致部分国会议员将地方利益凌驾于国家利益之上，而且助长了金权政治、派阀政治、世袭政治等现象。

正如本书第五章所分析的，制度性因素固然刺激了政治家后援会的产生，但日本独特的文化传统才是政治家后援会所深植的土壤。虽然制度性因素易于改变，但是文化传统却有着相对的稳定性。对于传统文化与现代化之间的关系，诺贝尔文学奖获得者、日本著名小说家大江健三郎曾经这样指出："日本现代化的方向是学习西方、模仿西方，然而，我们的国家位于亚洲，拥有根深蒂固的本土文化。"① 日本著名人类学家中根千枝也曾经谈道："我个人毫不否认日本社会演进的事实，但我深信，寻觅掩藏在各种演进事实下面的冥顽因素，同样是至关重要的……这些顽固的因素恰恰存在于那些非正式的体制中……这种非正式的体制才是日本人社会生活的原动力，它是在纯纯粹粹的日本文化中哺育出来的道地的日本因素。日本在其现代化进程中，自西方输入了许多文化内容，但这些舶来文化支离破碎，始终未能深入到我们的体制中来……过去一百年中，日本社会的观念形态经历了一番巨大变化，但基本的社会语法却很少改变。"②

回顾日本近代以来的发展历程，幕末开国以来，日本全方位地学习西方文明，采用君主立宪制度；二战以后，在民主政治制度、自由经济原则、

---

① 〔美〕约翰·内森：《无约束的日本》，周小进译，华东师范大学出版社，2006，封面勒口。
② 〔日〕中根千枝：《日本社会》，许真、宋峻岭译，天津人民出版社，1982，第 136～138 页。

教育体制等诸多方面，日本几乎照搬了"美国模式"。在引进西方政治、经济、教育制度的同时，日本的传统文化却被几乎完好无损地保存下来，根深蒂固的集团主义文化便是其中之一。集团主义文化反映在日本现代社会生活的方方面面。以集团为单位的归属意识，既加强了集团内部的凝聚力，又形成了对外竞争意识，这种以集团内部温情主义和资源共享为基础的对外竞争意识①，是战后日本经济成功的一大法宝，也是政治家后援会持续活跃在日本政治生活中的重要原因。

　　尽管政治家后援会强化了候选人的个人本位，不利于实现以政党、政策为中心的选举，但它作为日本传统文化与西方政治制度相结合的产物，是日本选举政治的一大特色，也是现代日本民主制度的重要组成部分。在未来日本政治发展中，随着政治制度、经济制度的不断变革，政治家后援会在选举政治中的作用可能会有所减弱，但它作为日本政治家重要的集票组织，仍将继续对日本的政治生活产生长期而深远的影响，值得我们持续关注。

---

① 赵德宇等：《日本近现代文化史》，世界知识出版社，2010，第391页。

参考文献

1. 官方资料

1945 年《众议院议员选举法修正案》

1946 年《日本国宪法》

1947 年《参议院议员选举法》

1947 年《众议院议员选举法修正案》

1950 年《公职选举法》

1994 年《公职选举法（修正案）》

1994 年《政治资金规正法（修正案）》

1994 年《政党助成法》

1994 年《众议院议员选区划定审议会设置法》

2. 报刊和媒体报道

日本共产党机关报纸：《前卫》、《赤旗》

公明党报纸：《公明新闻》

《朝日新闻》、《读卖新闻》、《每日新闻》数据库。

3. 学术专著和论文

（1）日文文献

阿部康久、高木彰彦『選挙制度の変更伴うに国会議員の対応と政治組織の
　　空間的変化——長崎県を事例にして』、『地理学評論』78 - 4、2005 年。

阿部齊、新藤宗幸、川人貞史『概說現代日本の政治』、東京大學出版會、
　　1991 年。

阿部齊『日本の政治』、放送大学教育振興会、1986 年。

安倍晋三『安倍晋三対論集：日本を語る』、PHP 研究所、2006 年。

安倍晋三『美しい国へ』、文藝春秋、2006 年。

安倍晋三『日本の決意』、新潮社、2014 年。

白川勝彦『新憲法代議士：新潟四区、燃える手づくり選挙，護憲リベラルの旗をかかげて』、サイマル出版会、1983 年。

宝島社『安倍晋三：その人脈と金脈』、宝島社、2014 年。

北岡伸一『自民党：政権党の38 年』、読売新聞社、1995 年。

北西允、山田浩『現代日本の政治』、法律文化社、1983 年。

北野雄士『地方議員の集票行動——地区推薦と後援会』、『ソシオロジ』、No. 30、1985 年。

本田茂樹『ズバリ！選挙必勝法—選挙プロが語る後援会づくりから当選まで』（2007 年新版）、労働教育センター、2007 年。

波多野勝『浜口雄幸：政党政治の試験時代』、中央公論社、1993 年。

長谷川昭彦『農村社会の構造と変動』、ミネルヴァ書房、1974 年。

沖野安春『現代日本の政治：制度と選挙過程』、芦書房、1995 年。

川島武宜『日本社会の家族的構成』、日本評論社、1950 年。

創価学会教学部編『創価学会入門』、聖教新聞社、1971 年

村上重良『創価学会＝公明党』、青木書店、1967 年。

大久保貞義『日本人の投票行動』、至誠堂、1974 年。

大下英治『安倍晋三：安倍家三代』、徳間書店、2006 年。

大嶽秀夫編『政界再編の研究：新選挙制度による総選挙』、有斐閣、1997 年。

島田裕巳『公明党と創価学会』、朝日新聞社、2007 年。

東京大学法華経研究会『創価学会の理念と実践』、第三文明社、1975 年。

渡辺治『現代史の中の安倍政権：憲法・戦争法をめぐる攻防』、かもがわ、2016 年。

福岡政行『日本の選挙』、早稲田大学出版部、2001 年。

福岡政行『日本の政治風土：新潟県第三区にみる日本政治の原型』、学陽書房、1985 年。

福岡政行『現代日本の政党政治：保守支配と連合』、東洋経済新報社、1986 年。

高木彰彦『愛知県における参議院選挙結果の空間的分布とその変化』、
　　『地理学評論』56 - 6、1983 年。

高畠通敏『地方の王国』、岩波書店、1997 年。

公平慎策『転換期の政治意識：変わる日本人の投票行動』、慶応通信、
　　1979 年。

荒木博之『日本人の行動様式：他律と集団の論理』、講談社、1975 年。

荒木俊夫［ほか］『投票行動における連続と変化：札幌市の場合』、木鐸
　　社、1983 年。

加藤秀治郎『日本の選挙—何を変えれば政治が変わるのか』、中央公論新
　　社、2003 年。

加藤雅信編『現代日本の法と政治』、三省堂、1994 年。

加藤周一［ほか］『日本文化のかくれた形（かた）』、岩波書店、2004 年。

菅澤均『都市化と投票行動の研究』、恒星社厚生閣、2002 年。

間場寿一、居安正、高島昌二『日本政治を読む』、有斐閣、1987 年。

井上ひさし『二つの憲法：大日本帝国憲法と日本国憲法』、岩波書店、
　　2011 年。

井田正道『日本政治の潮流：大統領制化・二大政党化・脱政党』、北樹出
　　版、2007 年。

堀江湛編著『日本の選挙と政党政治』、北樹出版、1997 年。

林芳正、津村啓介『国会議員の仕事—職業としての政治』、中央公論新
　　社、2011 年。

杣正夫『日本選挙制度史：普通選挙法から公職選挙法まで』、九州大学出
　　版社、1992 年。

杣正夫編『国政選挙と政党政治総合分析（1945 年~1976 年）』、政治広報
　　センター、1977 年。

綿貫譲治［ほか］『日本人の選挙行動』、東京大学出版会、1986 年。

綿貫譲治、三宅一郎、蒲島郁夫『日本人の政治意識と行動（JABISS 調
　　査）——1976 年衆議院総選挙のパネル調査コードブック』、1990 年。

平野貞夫『公明党・創価学会と日本』、講談社、2005 年。

平野貞夫『公明党・創価学会の真実』、講談社、2005 年。

蒲島郁夫、山田真裕『後援会と日本の政治』、日本政治学会編『年報政治
　　学 1994：ナショナリズムの現在・戦後日本の政治』、岩波書店、
　　1994 年。

蒲島郁夫『政治参加』、東京大学出版会、1989 年。

斉藤淳『自民党長期政権の政治経済学：利益誘導政治の自己矛盾』、勁草
　　書房、2010 年。

千葉立也『選挙地理研究の課題と動向』、『地理学評論』51－3、1978 年。

青山道夫等『講座家族 1（家族の歴史）』、弘文堂、1973 年。

若田恭二『現代日本の政治と風土』、ミネルヴァ書房、1981 年。

三宅一郎［ほか］『平等をめぐるエリートと対抗エリート』、創文社、
　　1985 年。

三宅一郎、猪口孝、蒲島郁夫『日本人の選挙行動』、東京大学出版会、
　　1986 年。

三宅一郎『合理的選択の政治学』、ミネルヴァ書房、1981 年。

三宅一郎『政治参加と投票行動：大都市住民の政治生活』、ミネルヴァ書
　　房、1990 年。

森本哲郎『現代日本の政治と政策』、法律文化社、2006 年。

山田真裕『自民党代議士の集票システム：橋本登美三郎後援会、額賀福
　　志郎後援会の事例研究』（筑波大学大学院博士課程社会科学研究科博
　　士学位論文）、1993 年。

上山和雄『陣笠代議士の研究：日記にみる日本型政治家の源流』、日本経
　　済評論社、1989 年。

升味準之輔『現代政治──一九五五年以後』（上、下）、東京大学出版会、
　　1985 年。

升味準之輔『一九五五年の政治体制』、『思想』、第 480 号、1964 年。

水島愛一朗『安倍晋三の人脈』、グラフ社、2006 年。

松田賢弥『絶頂の一族：プリンス・安倍晋三と六人の「ファミリー」』、
　　講談社、2015 年。

松下圭一『戦後民主主義の展望』、日本評論社、1965 年。

藤田尚則『日本国憲法』、北樹出版、2010 年。

五十嵐暁郎『代議士後援会の精神的組織的構造——モデルとしての越山会』、『思想』第 779 号、1989 年。

西尾嘉門『データで検証する日本政治の危機』、東京新聞出版局、1994 年。

小長谷一之『都市社会における投票行動の近隣効果——1991 年京都市議選の分析』、『地理学評論』68A－2、1995 年。

小林良彰『日本人の投票行動と政治意識』、木鐸社、1997 年。

小林良彰『現代日本の政治過程——日本型民主主義の計量分析』、東京大学出版会、1997 年。

小林良彰『制度改革以降の日本型民主主義：選挙行動における連続と変化』、木鐸社、2008 年。

小平修『現代世界の選挙と政党』、ミネルヴァ書房、1982 年。

新藤宗幸、山口二郎編著『現代日本の政治と政策』、放送大学教育振興会、1995 年。

新潟日報社編『ザ・越山会』、新潟日報事業社、2004 年。

新潟日報社編『角栄の風土』、新潟日報事業社、1984 年。

新潟日報社編『角栄残像』、新潟日報事業社、1984 年。

塩田潮『安倍晋三の力量』、平凡社、2006 年。

野上忠興『気骨：安倍晋三のDNA』、講談社、2004 年。

依田博『地方議員と選挙過程——京都府市町村会議員調査』、『法学論叢』Vol. 107，No. 5，1980 年。

中根千枝『家族の構造——社会人類学的分析』、東京大学出版会，1970 年。

中野晃一編『徹底検証安倍政治』、岩波書店、2016 年。

佐藤誠三郎、松崎哲久『自民党政権』、中央公論社、1986 年。

佐藤慎吾『後援会の空間組織と選挙戦略——衆議院富山県第三区を事例として』、『季刊地理学』Vol. 60，2008 年。

佐野洋、中谷友樹『多党制における小選挙区制の選挙バイアス——1996

年度衆議院議員総選挙を基に』、『地理学評論』74A‐7、2000年。

S.ヴァーバ，N.H.ナイ，J.キム著、三宅一郎、蒲島郁夫、小田健著訳『政治参加と平等：比較政治学的分析』、東京大学出版会、1981年。

W.J.M.マッケンジー著、兼近輝雄、川野秀之、福岡政行訳『現代政治学の新動向』、早稲田大学出版部、1977年。

スコット・C.フラナガン、ブラッド‐・M.リチャードソン著、中川融監訳『現代日本の政治』、敬文堂、1980年。

（2）英文文献

Asher, Herbert B. , *Presidential Elections and American Politics*：*Voters*，*Candidates*，*and Campaigns since* 1952, Homewood, Ill. ：Dorsey Press, 1980.

Baldini, Gianfranco, *Elections*，*Electoral Systems and Volatile Voters / Gianfranco Baldini and Adriano Pappalardo*, Basingstoke［England］, New York：Palgrave Macmillan, 2009.

Bibby, John F. , *Politics*，*Parties*，*and Elections in America*（*3rd ed*）, Chicago：Nelson-Hall, 1996.

Campbell, A. , Gurin, G. , & Miller, W. E. , *The Voter Decides*, Westport, CT：Greenwood, 1954.

Campbell, John C. , "*Compensation for Repatriates*：*A Case Study of Interest-Group Politics and Party-Government Negotiations in Japan*," In *Policymaking in Contemporary Japan*, ed. , T. J. Pempel, London：Cornell University Press, 1977.

Charles Tilly, *From Mobilization to Revolution*, New York：McGraw-Hill, 1978.

Curtis, Gerald L. , *Election Campaigning*：*Japanese Style*, New York：Columbia University Press, 1971.

David Knoke , *Political Networks*：*The Structural Perspective*, Cambridge University Press, 1990.

Ginsberg, Benjamin, Shefter Martin, *Politics by Other Means*：*The Declining Importance of Elections in America*, New York：Basic Books, Inc. , 1990.

Hindess, Barry, *Political Choice and Social Structure*：*An Analysis of Actors*，*Interests*，*and Rationality* , Aldershot, Hants, England ：E. Elgar Pub. , 1989.

Hrebenar, Ronald J. , "Political Party Proliferation: The New Liberal Club and the Mini-Parties," And "The Money Base of Japanese Politics," In *The Japanese Party System: From One-Party Rule to Coalition Government*, ed. , Ronald J. Hrebenar, London: Westview Press, 1986.

J. A. A. Stockwin, *Collected Writings of J. A. A. STOCKWIN*, co-published by Japan Library and Edition Synapse, 2004.

J. A. A. Stockwin, "Japan: The Leader-Follower Relationship in Parties," in Alan Ware (ed.), *Political Parties: Electoral Change and Structural Response* , Oxford: Basil Blackwell, 1987.

James W. Morley, *Driven by Growth: Political Change in the Asia-Pacific Region*, NY: M. E. Sharpe, 1999.

Jocelyn A. J. Evans, *Voters &Voting: An Introduction*, London; Thousand Oaks, Calif. : Sage, 2004.

Kavanagh, Dennis, *Election Campaigning: The New Marketing of Politics*, Oxford, England; Cambridge, Mass. : Blackwell, 1995.

L. Sandy Maisel and Mark D. Brewer, *Parties and Elections in America: The Electral Process, Fifth Edition*, Lanham, Md. : Rowman & Littlefield, 2008.

Lau, Richard R. , *How Voters Decide: Information Processing during Election Campaigns*, Cambridge University Press, 2006.

Lawrence LeDuc, Richard G. Niemi, and Pippa Norris, *Comparing Democracies* 3: *Elections and Voting in the* 21*st century* [3rd ed.], Los Angeles : Sage, 2010.

Martin Harrop and Willliam L. Miller, *Elections and Voters: A Comparative Introduction*, Houndmills, Basingstoke, Hampshire: Macmillan Education, 1987.

Richardson, Brandy M. , "Japanese Voting Behavior in Comparative Perspective" and "Social Networks, Influence Communications, and the Vote," In *The Japanese Voter*, ed. , Scott C. Flanagon. etc. , New Haven: Yale University Press, 1991.

Richardson, Brandy M. , *The Political Culture of Japan*, London: University of California Press, 1975.

Schafferer Christian, *Election Campaigning in East and Southeast Asia*：*Globaliza-tion of Political Marketing*，Aldershot，England；Burlington，VT：Ashgate，C 2006.

Shadegg，Stephen C.，*The New How to Win an Election*，New York：Taplinger，1972.

Thayer，Nathaniel B.，*How the Conservatives Rule Japan*，New Jersey：Princeton-University Press，1969.

（3）中文文献

〔德〕罗伯特·米歇尔斯：《寡头统治铁律：现代民主制度中的政党社会学》，任军锋译，天津人民出版社，2002。

〔法〕布隆代尔：《政党与政府——自由民主国家的政府与支持性政党关系探析》，史志钦、高静宇等译，曾淼校，北京大学出版社，2006。

〔法〕布隆代尔：《政党政府的性质：一种比较性的欧洲视角》，北京大学出版社，2006。

〔法〕让－马里·科特雷、克洛德·埃梅里：《选举制度》，张新木译，商务印书馆，1996。

〔美〕阿伦·李帕特：《选举制度与政党制度（1945～1990年）：27个国家的实证研究》，谢岳译，上海人民出版社，2008。

〔美〕埃德温·赖肖尔：《日本人》，孟胜德、刘文涛译，上海译文出版社，1980。

〔美〕鲁思·本尼迪克特：《菊与刀：日本文化诸模式》，吕万和、熊达云、王智新译，商务印书馆，2009。

〔美〕塞缪尔·亨廷顿：《变革社会中的政治秩序》，李盛平等译，华夏出版社，1988。

〔美〕塞缪尔·亨廷顿、琼·纳尔逊：《难以抉择——发展中国家的政治参与》，汪晓寿等译，华夏出版社，1989。

〔美〕托马斯·潘恩：《人的权利》，田飞龙译，中国法制出版社，2011。

〔美〕约翰·惠特尼·霍尔：《日本：从史前到现代》，邓懿、周一良译，商务印书馆，1997。

〔日〕达高一：《创价学会：日本新兴的宗教性政治团体》，世界知识出版社，1963。

〔日〕大下英治：《田中军团——田中角荣的政治生涯》，应杰、乔志航、熊文莉译，华夏出版社，2002。

〔日〕大嶽秀夫：《政策過程》，傅禄永译，经济日报出版社，1992。

〔日〕渡边洋三：《日本国宪法的精神》，魏晓阳译，译林出版社，2009。

〔日〕宫坂正行：《战后日本政治舞台内幕》（又名《政府·自民党·财界》），耕夫、王之顶译，社会科学文献出版社，1989。

〔日〕宫本显治：《高举四面旗帜，为早日实现中间阶段目标而奋斗——日本共产党中央委员会政治局向全国积极分子会议所作的报告》，人民出版社，1963。

〔日〕户川猪佐武：《田中角荣传》，复旦大学历史系等译，上海人民出版社，1972。

〔日〕堀幸雄：《公明党论》，辽宁外语专科学校72级学员译，上海译文出版社，1980。

〔日〕立花隆：《田中角荣发迹史》，丁祖威译，联合报社，1974。

〔日〕柳田邦男：《田中角荣的三百天》，北京大学亚非研究所译，商务印书馆，1977。

〔日〕马弓良彦：《田中角荣其人》，复旦大学历史系等译，上海人民出版社，1972。

〔日〕南博：《日本人论——从明治维新到现代》，邱埮雯译，广西师范大学出版社，2007。

〔日〕蒲岛郁夫：《政治参与》，解莉莉译，经济日报出版社，1989。

〔日〕三宅一郎：《投票行动：微观政治学》，冯建新译，经济日报出版社，1991年。

〔日〕山越珑：《日本共产党斗争史话》，张铭三译，五十年代出版社，1953年。

〔日〕升味准之辅：《日本政治史（第一册）——幕末维新、明治国家之成立》，董果良、郭洪茂译，商务印书馆，1997。

〔日〕升味准之辅：《日本政治史（第二册）——藩阀统治、政党政治》，董果良、郭洪茂译，商务印书馆，1997。

〔日〕升味准之辅：《日本政治史（第三册）——政党的凋落、总力战体制》，董果良、郭洪茂译，商务印书馆，1997。

〔日〕升味准之辅：《日本政治史（第四册）——占领下的改革、自民党的统治》，董果良、郭洪茂译，商务印书馆，1997。

〔日〕水木杨：《田中角荣》，何黎莉译，文化造镇图书出版部，2000。

〔日〕小岛明：《日本的选择》，孙晓燕译，东方出版社，2010。

〔日〕小林吉弥：《田中军团与日本首相竹下登：田中角荣学校纪实》，丁力译，时事出版社，1988。

〔日〕小林吉弥：《世界政要御人方略——田中角荣卷》，姚晓燕、姚晓红、肖兰译，山东文艺出版社，2004。

〔日〕小林良彰：《公共选择》，杨永超译，经济日报出版社，1989。

〔日〕岩井奉信：《立法过程》，李微译，经济日报出版社，1990。

〔日〕早坂茂三：《田中角荣秘闻》，赵宝智、张学之译，中国文联出版公司，1989。

〔日〕中根千枝：《日本社会》，许真、宋峻岭译，天津人民出版社，1982。

〔英〕J. S. 密尔：《代议制政府》，汪暄译，商务印书馆，2010。

〔英〕艾伦·韦尔：《政党与政党制度》，谢峰译，北京大学出版社，2011。

〔英〕戴维·赫尔德：《民主的模式》，燕继荣等译，中央编译出版社，2008。

〔英〕洛克：《政府论》（上篇、下篇），叶启芳、瞿菊农译，商务印书馆，2011。

包霞琴、臧志军：《变革中的日本政治与外交》，时事出版社，2004。

董礼胜编译《外国选举规程选辑：观察、管理、培训》，中国社会出版社，2001。

傅恒德：《政治文化与政治参与》，韦伯文化国际出版有限公司，2003。

高洪：《日本政党制度论纲》，中国社会科学出版社，2004。

高鹏怀：《比较选举制度》，知识产权出版社，2008。

高鹏怀：《比较政党与政党政治》，知识产权出版社，2008。

归泳涛：《赖肖尔与美国对日政策：战后日本历史观中的美国因素》，重庆出版社，2008。

郭定平：《日本政治与外交转型研究（复旦大学日本研究中心成立20周年

纪念文集）》，复旦大学出版社，2010。

韩立红：《日本文化概论》，南开大学出版社，2008。

何劲松：《创价学会的理念与实践》，中国社会科学出版社，1995。

胡佛：《政治参与与选举行为》，三民书局，1998。

胡盛仪、陈小京、田穗生：《中外选举制度比较》，商务印书馆，2005。

蒋立峰：《日本政治概论》，东方出版社，1995。

李大光、孙绍红、李珏璠：《一门三首相——安倍晋三家族与日本世袭政治》，台海出版社，2013。

李海英：《日本国会选举》，世界知识出版社，2009。

李炯才：《日本：神话与现实》，张卫、傅光明译，海南出版社，1999。

李文：《东亚：政党政治与政治参与》，世界知识出版社，2007。

李莹：《日本战后保守政治体制研究》，世界知识出版社，2009。

梁云祥、应霄燕：《后冷战时代的日本政治、经济与外交》，北京大学出版社，2000。

林嘉诚：《政治心理形成与政治参与行为》，台湾商务印书馆，1989。

林尚立：《政党政治与现代化：日本的历史与现实》，上海人民出版社，1998。

刘迪：《鸠山由纪夫：日本民主党政治的开幕》，东方出版社，2009。

刘小林：《当代日本政党政治：20 世纪 90 年代以来的日本政局变动》，中国社会出版社，2004。

刘宗和：《日本政治发展与对外政策》，世界知识出版社，2010。

鲁义：《日本政治家的后援会及其特点》，《现代日本经济》1987 年第 2 期。

齐乃宽：《日本政治制度》，上海社会科学院出版社，1987。

乔林生：《从"世袭政治"看日本民主的实像》，《南开学报（哲学社会科学版）》2010 年第 1 期。

乔林生：《当代日本"世袭政治"的文化解读》，《南开学报（哲学社会科学版）》2015 年第 3 期。

曲静：《日本政治改革后政党体质的变化》，《日本学刊》2012 年第 1 期。

尚会鹏：《中国人与日本人——社会集团、行为方式和文化心理的比较研究》，北京大学出版社，1998。

宋成有：《日本十首相传》，东方出版社，2001。

宋长军：《日本国宪法研究》，时事出版社，1997。

苏进添：《日本保守政治剖析》，致良出版社，1992。

汤重南等：《日本文化与现代化》，辽海出版社，1999。

唐士其：《西方政治思想史》，北京大学出版社，2002。

王泰平：《田中角荣》，浙江人民出版社，1997。

王新生：《简论日本社会党50年》，《日本学刊》1996年05期。

王新生：《日本简史》，北京大学出版社，2005。

王新生：《现代日本政治》，经济日报出版社，1997。

王秀文：《传统与现代：日本社会文化研究》，世界知识出版社，2002。

王振锁、徐万胜：《日本近现代政治史》，世界知识出版社，2010。

王振锁：《战后日本政党政治》，人民出版社，2004。

王振锁：《自民党的兴衰——日本"金权政治"研究》，天津人民出版社，1996。

王振锁等：《日本政治民主化进程研究》，上海三联书店，2011。

吴庚：《选举与政治参与》，正中书局，1981。

吴寄南：《日本新生代政治家》，时事出版社，2002。

徐万胜：《当代日本政治》，南开大学出版社，2015。

徐万胜：《冷战后日本政党体制转型研究——1996年体制论》，社会科学文献出版社，2009。

徐万胜：《日本政权更迭析论》，时事出版社，2016。

徐万胜：《日本政治与对外关系》，人民出版社，2006。

徐万胜：《日本自民党"一党优位制"研究》，天津人民出版社，2004。

许介鳞：《战后日本的政治过程》，黎明文化，1991。

许烺光、Hsu, Francis L. K.：《家元：日本的真髓》，于嘉云译，南天书局，2000。

叶渭渠：《日本文化史》，广西师范大学出版社，2005。

张伯玉：《日本选举制度与政党政治》，中国经济出版社，2013。

张伯玉：《日本政党制度政治生态分析》，世界知识出版社，2006。

张立平：《美国政党与选举政治》，中国社会科学出版社，2002。

张志尧：《西方国家政党政治与政治发展》，中国社会科学出版社，2010。

赵全胜：《日本政治背后的政治》，商务印书馆，1996。

周杰：《日本选举制度改革探究》，社会科学文献出版社，2012。

周淑真：《政党政治学》，人民出版社，2011。

朱建荣：《日本变"天"——民主党政权诞生近距离观察》，新世界出版社，2009。

后　记

本书是在我的博士学位论文的基础上扩充、增补、修改而成。其中有我本人的付出，更饱含诸位师长与亲友的关心支持与殷切期望。

首先要感谢我的导师梁云祥教授。从最初的选题立意、章节安排，到接下来的走笔行文，再到后期的修改润色，在历次讨论中，导师都不厌其烦地给予了具体、详细的指导。导师的言传身教，是我终生难忘的。

在论文的写作过程中，我还要感谢北京大学李玉教授、张海滨教授、李寒梅教授、王联教授、归泳涛副教授，中国社会科学院日本研究所吕耀东研究员，北京师范大学刘小林教授，中国人民大学宋伟教授等，他们在开题和答辩中提出了许多中肯宝贵的评审意见和修改建议。

在本书的修改过程中，我还要特别感谢中国人民大学黄大慧教授。黄教授的悉心指导与帮助使我获益匪浅，令本书增色颇多，在此深表谢意。

此外，我还得到了北京大学宋成有教授、王新生教授和尚会鹏教授，北京师范大学陈奉林教授，中国社会科学院日本研究所张勇副研究员等的悉心指教。在此表示感谢。

感谢北京大学提供的奖学金资助，使我得以参加北京大学－早稻田大学联合培养博士生项目，于 2008 年 9 月赴日留学。在留学期间，我不仅搜集了写作所需要的文献，还通过实地调查获得了关于日本选举政治的大量第一手资料，为完成本书的写作奠定了基础。在对日本政治家进行访谈的过程中，我得到了许多日本专家和朋友的帮助与支持，在这里表示我最诚挚的谢意。

特别感谢中国人民大学科学研究基金为笔者查阅资料、完善书稿提供支持，本书是中国人民大学科学研究基金（中央高校基本科研业务费专项资金资助）项目"日本选举政治中的政治家后援会"（项目编号：13XNF013）的成果；同时也特别感谢中国人民大学国际关系学院对本书的出版支持。

本书得以顺利出版承蒙社会科学文献出版社宋浩敏女士的大力帮助。作为本书的责任编辑，宋女士在本书的排版、审稿、校对等环节做了大量耐心、细致的工作，在此深表谢忱。

最后，在本书即将付梓之际，感谢家人对我的支持。多年来，家人的支持一直是我不断前进的动力。

本书疏漏之处，敬请各位前辈、同人和广大读者批评指正。

朱晓琦

2018 年 1 月

图书在版编目（CIP）数据

日本政治文化与选举制度：以政治家后援会为中心
的研究／朱晓琦著. —— 北京：社会科学文献出版社，
2018.3
（中国政治发展与比较政治）
ISBN 978 - 7 - 5201 - 2237 - 5

Ⅰ.①日… Ⅱ.①朱… Ⅲ.①政治文化 - 研究 - 日本
②选举制度 - 研究 - 日本　Ⅳ.①D731.30②D731.324
中国版本图书馆 CIP 数据核字（2018）第 029136 号

中国政治发展与比较政治
日本政治文化与选举制度
—— 以政治家后援会为中心的研究

著　　者／朱晓琦

出 版 人／谢寿光
项目统筹／宋浩敏　曹义恒
责任编辑／宋浩敏　陈素梅

出　　版／社会科学文献出版社·独立编辑工作室（010）59367150
　　　　　地址：北京市北三环中路甲29号院华龙大厦　邮编：100029
　　　　　网址：www.ssap.com.cn
发　　行／市场营销中心（010）59367081　59367018
印　　装／三河市尚艺印装有限公司

规　　格／开　本：787mm×1092mm　1/16
　　　　　印　张：12.25　字　数：186千字
版　　次／2018 年 3 月第 1 版　2018 年 3 月第 1 次印刷
书　　号／ISBN 978 - 7 - 5201 - 2237 - 5
定　　价／59.00 元